Et si on arrêtait de crier sur nos enfants ?

Valérie Roumanoff

Et si on arrêtait de crier sur nos enfants ?

FIRST
ÉDITIONS

Note de l'éditeur : le soin le plus précieux a été apporté à ce livre et aux informations qu'il contient. Toutefois, la responsabilité de l'auteur ne pourra pas être engagée en cas de résultats ou d'absence de résultats liés à l'utilisation des informations fournies dans ce livre.

Mise en garde : pour votre sécurité, les séances d'hypnose (mp3) fournies dans ce livre ne doivent pas être écoutées en conduisant.

MIXTE
Papier issu de sources responsables
FSC® C003309
FSC www.fsc.org

Pocket, une marque d'Univers Poche, est un éditeur qui s'engage pour la préservation de l'environnement et qui utilise du papier fabriqué à partir de bois provenant de forêts gérées de manière responsable.

ISBN : 978-2-266-28947-4
Dépôt légal : octobre 2019

À Jane et Lisa, mes deux filles chéries.

« Être père ou mère signifie offrir à ses enfants la liberté d'être soi-même. »

Éric de la Parra Paz

(Et moi j'ajoute : *« Sans oublier de nous donner la liberté d'être nous-mêmes. »*)

Avant propos : pourquoi ce livre ?

Je me suis retrouvée à un moment de ma vie maman solo et sans emploi. Difficile d'être à l'écoute de son enfant quand on est envahi par toutes sortes d'émotions négatives et qu'on ne voit pas l'ombre du commencement du bout de la sortie du tunnel. Ma fille s'est mise à faire des crises que je n'arrivais plus à gérer…

Pour essayer de sortir de cette situation difficile, je me suis formée en thérapie brève et je suis devenue hypnothérapeute et formatrice en hypnose ericksonienne et PNL[1]. En peu de temps, j'ai pu avoir un aperçu des effets positifs de ces outils puisque j'ai réussi facilement ma reconversion professionnelle,

1. Programmation neurolinguistique : un mode d'emploi du cerveau humain mis au point par Richard Bandler et John Gringer dans les années 1970. Voir *Un cerveau pour changer*, de Richard Bandler, Pocket, 2008.

je me suis mariée (à la suite d'une jolie rencontre inattendue) et j'ai eu une deuxième fille !

J'ai créé un blog pour partager mon expérience (« Maman seule à Paris », qui est devenu ensuite « Drôle de maman »). Un des articles de mon blog qui propose une astuce pour arrêter de crier sur ses enfants a été lu par plus de 92 000 personnes dans le monde (jusqu'au Chili !).

Je me suis assidûment documentée sur les nouvelles méthodes d'éducation comme la parentalité bienveillante, le parentage ludique et la discipline positive et j'ai découvert que je les appliquais déjà sans le savoir ! Je me suis spécialisée dans l'hypnose pour les enfants et j'ai reçu beaucoup de familles dans mon cabinet pour toutes sortes de problématiques. J'ai remarqué que les parents étaient souvent démunis, quelle que soit leur situation, face à leurs enfants.

C'est pourquoi c'est à la fois en tant que maman et thérapeute que j'ai voulu écrire ce livre afin de vous livrer les outils nécessaires pour qu'éducation rime avec plaisir !

Sommaire

Introduction

Le temps de la discipline autoritaire, du respect absolu des aînés, « des enfants qui ne parlent pas à table » est révolu dans beaucoup de familles aujourd'hui. En tant que parent, on est à la recherche d'une nouvelle forme d'éducation. On craint d'être trop permissif, de peur de créer des « enfants rois », et en même temps on ne veut plus les contraindre par la force.

« Nous avons trop souvent ignoré les effets nuisibles, les graves limites et le caractère destructeur du pouvoir. Nous nous sommes leurrés sur son efficacité. Il étouffe les différences d'opinions créatives, éteint la confiance, l'intimité et l'amour. Le pouvoir piège le contrôleur et enchaîne ses victimes. »

Thomas Gordon

Alors, que faire à la place ?

On se retrouve parfois démuni face aux émotions de ses enfants et, en voulant leur donner une éducation bienveillante et chaleureuse, on se surprend à leur hurler dessus (tous les jours ou presque).

Ce livre a pour objectif de vous donner des astuces, des solutions et des techniques qui vous permettront d'éduquer vos enfants sans crier et qui leur permettront de s'exprimer sans crise de colère. (Un peu comme un dentifrice double action qui blanchit ET protège les gencives !)

Il n'y a (hélas) pas de recette miracle à appliquer une fois pour toutes. En revanche, il existe des techniques qui permettent de construire chaque jour une vie familiale apaisée et dégagée de tout rapport de force. (Comme le dentifrice, ça ne marche que si on l'utilise tous les jours.) Voici donc le programme.

1. Prévenir et déjouer les crises

Dans la première partie, vous apprendrez à déjouer les crises de colère de vos enfants en réagissant dès les premiers signes perceptibles.

2. Établir de bonnes relations avec ses enfants

Dans la deuxième partie, vous apprendrez comment construire de bonnes relations avec vos enfants (et donc éliminer la colère de part et d'autre) en trois étapes.

Étape 1 : communiquer efficacement votre amour à votre enfant. Un enfant qui se sait aimé, qui sent, entend et voit l'amour qu'on a pour lui est beaucoup plus coopératif.

Étape 2 : les phrases des adultes qui déclenchent la colère ou l'opposition des enfants et par quoi les remplacer avantageusement.

Étape 3 : les besoins des enfants et comment les combler facilement.

Un enfant à qui l'on parle avec intelligence et bienveillance et dont on comble les besoins ne s'oppose plus (systématiquement) à ses parents, il devient un enfant facile et vous entendrez ensuite : « Oh ! Tu as vraiment de la chance, il est facile, le tien ! »

3. S'occuper de soi pour savoir gérer ses émotions

Dans la troisième partie, il ne s'agit que de vous. Car souvent la colère des uns entraîne ou répond à la colère des autres. On se met en colère plus souvent quand on est fatigué et stressé, alors vous trouverez dans cette partie des astuces pour exprimer vos émotions plus sereinement et vous reposer sans perdre de temps.

Vous pouvez naviguer d'une partie à l'autre dans l'ordre le plus adapté à vos besoins du moment. Chaque partie complète l'ensemble, et quand vous aurez parcouru le livre en entier, la colère de vos enfants et la vôtre n'auront plus de secrets pour vous ! (Et après quelque temps, vous pourrez vous dire : « Tiens, ça fait longtemps que personne n'a crié ici… Ça commence à me manquer ! »)

4. Podcasts d'hypnose

Ce livre est accompagné de quatre enregistrements accessibles par QR Code, qui sont de véritables séances d'hypnose.

L'hypnose fait appel à notre inconscient pour qu'on puisse « se soigner » soi-même. Le principe de base est que chacun possède en soi toutes les ressources nécessaires pour effectuer les changements désirés. (Sympa, non ?)

L'hypnose permet d'avoir accès à des ressources qui semblent consciemment inaccessibles.

Douce et non intrusive, cette hypnose (dite « ericksonienne ») est réputée dans le monde entier pour être la plus efficace.

Tout le monde peut profiter d'une séance d'hypnose. (La seule contre-indication concerne les personnes ayant des troubles psychiatriques.) Il n'y a aucun prérequis et vous serez surpris d'apprendre que vous faites déjà de l'hypnose sans le savoir.

Est-ce qu'il vous est déjà arrivé de verrouiller votre porte à double tour et, une fois dans la rue, de vous demander si la porte est correctement fermée ?... Ce petit moment d'absence est en fait un « état d'hypnose ».

Est-ce qu'il vous est déjà arrivé au cours de la lecture d'un magazine ou d'un livre de vous rendre compte, arrivé en bas de la page, que vous n'avez rien retenu de cette lecture ?... Votre esprit s'est échappé ailleurs, s'est promené tranquillement, librement... Vous étiez en « état d'hypnose ».

Absorbé par un film, concentré sur un ordinateur, on ne voit parfois pas le temps passer, on n'a plus conscience de ce qui se passe autour de soi... On est là aussi en « état d'hypnose ».

C'est un état naturel que chacun d'entre nous vit toutes les quatre-vingt-dix minutes environ tous les jours. Alors, vous avez déjà un sacré entraînement, n'est-ce pas ?

Pour changer d'idée sur l'hypnose

Oui, l'hypnose « marche » avec tout le monde !
Il existe en fait plusieurs sortes d'hypnose. L'hypnose directive, celle qui est utilisée dans les spectacles d'hypnose, ne marche que sur 20 % de la population. L'hypnose ericksonienne, qui est permissive et thérapeutique et où rien n'est imposé, fonctionne avec tout le monde.

Oui, vous gardez le contrôle !
Pendant la séance, vous entendez tout ce qui se passe (l'hypnose ne rend pas sourd !), vous ne dormez pas et ensuite vous vous souviendrez de tout. L'hypnothérapeute est là pour ouvrir la porte qui mène à vos ressources et à vos propres choix et non pas pour vous dire ce qu'il faut faire ou penser.

Oui, vous pouvez changer un comportement sans avoir besoin de comprendre ce qui l'a mis en place !
Contrairement à l'approche psychanalytique, l'hypnose ne cherche pas pourquoi on se sent mal ou on agit de telle façon, mais plutôt comment aller mieux ou faire autrement. L'hypnose permet de résoudre des problématiques sans avoir besoin de fouiller systématiquement dans son passé.

Je vous ai préparé quatre séances d'hypnose pour vous aider à appliquer encore plus facilement les astuces et conseils de ce livre. La première est à faire écouter à votre enfant (s'il fait des crises de colère) et les trois autres sont pour vous.

- **Tornade** est une histoire pour apprendre à votre enfant à communiquer autrement que par la colère ou l'opposition.

- **L'interrupteur positif** est une séance qui vous permettra de retrouver plus de sérénité quand vous sentez la colère monter en utilisant un « bouton de bien-être ».

- **Récupération** est une séance d'hypnose qui permet de récupérer en dix minutes d'une nuit agitée ou trop courte (à écouter chaque fois que le besoin s'en fait sentir).

- **Guérir l'enfant blessé** permet de réparer la blessure laissée par un événement ou une suite d'événements de votre enfance et qui est réveillée (douloureusement) par le comportement de votre enfant.

N'écoutez pas ces enregistrements en conduisant ou en pratiquant une activité qui demande votre attention. Assurez-vous d'être dans un endroit calme où vous êtes sûr de ne pas être dérangé, coupez votre téléphone, éteignez la télévision, installez-vous confortablement, assis dans un fauteuil ou allongé sur votre lit.

Quelques principes pour commencer

Quelques principes pour commencer

Créer le monde qui nous convient

Quand on a des enfants, on souhaite toujours le meilleur pour eux. Mais quel est ce « meilleur » ? Pris par le quotidien, on n'a pas souvent le temps de prendre du recul et de voir les choses à long terme. Il peut être intéressant de prendre conscience du comportement que l'on adopte avec nos enfants et de ce qu'il implique pour l'avenir.

Parce que, finalement, c'est quoi le désir le plus cher d'un parent ? Favoriser le développement de ses enfants pour qu'ils acquièrent la capacité d'être heureux plus tard (et aussi tout de suite tant qu'à faire, non ?).

Prenez quelques minutes pour imaginer vos enfants devenus adultes… Comment sont-ils ?… Quelles qualités ont-ils ?… Comment se comportent-ils ?… Sont-ils satisfaits de leur vie ?

Ça y est ?… Vous les voyez ?… Pas si facile ?… Respirez profondément, fermez les yeux et laissez l'image se former d'elle-même… Fabriquez une belle et grande image en couleur et gardez-la bien en tête (ou dessinez-la si vous pouvez), elle vous servira plus tard.

Quelles sont, selon vous, les qualités nécessaires pour être heureux dans la vie ?

Si vous habituez vos enfants à être obéissants, soumis, à craindre l'autorité, à céder au chantage… ne vont-ils pas garder ces traits de caractère devenus adultes ? Voulez-vous qu'ils deviennent des êtres peureux, anxieux, attendant les directives qu'on voudra bien leur donner ? Ou voulez-vous que vos enfants soient confiants, créatifs, autonomes, astucieux et qu'ils fassent preuve d'initiative ?… (Bon, d'accord, je grossis un peu le trait, mais c'est pour la bonne cause !)

Et quelles sont les qualités que vous avez, vous ? Celles que vous utilisez dans votre vie ?… Et celles que vous voudriez développer davantage ?…

Demandez-vous à vos enfants d'avoir des qualités ou des compétences que vous n'avez pas encore développées vous-même ?… Comme la patience ou la faculté de gérer ses émotions en toutes circonstances, ou encore le courage d'affronter ses peurs ?

Et s'il était temps d'y réfléchir et d'agir pour avoir la vie qui vous convient et qui correspond à vos valeurs ? Prenez quelques minutes pour imaginer la personne que vous avez envie de devenir : vos qualités, votre façon de vous comporter, ce que vous dégagez…

Inspirez, expirez, fermez les yeux et laissez l'image apparaître d'elle-même. Agrandissez-la, colorez-la et gardez la à disposition. (Cette image de votre « vous idéal » vous servira aussi plus tard.)

Parce que, peut-être que vous ne le savez pas encore, mais vous avez le pouvoir d'agir sur vos émotions, vos pensées et vos actions. C'est vous qui tenez la barre de votre bateau et vous pouvez le diriger comme vous le souhaitez. C'est pour cette raison que c'est important, je dirais même primordial, de savoir qui vous voulez être, quelle vie vous voulez avoir. Et tout le reste en découlera.

« La meilleure façon de prédire l'avenir, c'est de le créer[1]. »

Alan Kay

1. Alan Kay est l'un des inventeurs du Macintosh (pas mal comme création, quand même, non ?).

Laisser tomber la culpabilité (et les reproches)

Se sentir responsable de sa vie, de ses choix, de ses actions, de ses sentiments, laisser tomber la plainte et le reproche, arrêter de culpabiliser l'autre ou de se culpabiliser soi-même (encore pire !) est le premier pas vers le bonheur et l'harmonie familiale.

Pour réussir à s'en débarrasser, on peut commencer par se demander à quoi sert cette culpabilité qui nous empoisonne la vie. Elle est là pour nous aider à nous améliorer, « à faire mieux la prochaine fois », me répondrez-vous peut-être. Mais dans la réalité, elle fait partie du problème en nous faisant tourner en rond et en entamant chaque jour un peu plus notre estime de nous-mêmes.

C'est un véritable cercle vicieux : l'enfant fait quelque chose qui me contrarie –› je me fâche –› il se braque –› je crie plus fort –› il pleure –› je culpabilise –› je me sens mal, nul, dépassé, fatigué –› la moindre chose me rappelle mon incompétence –› je suis à fleur de peau, je réagis au quart de tour –› je crie –› il se braque, etc.

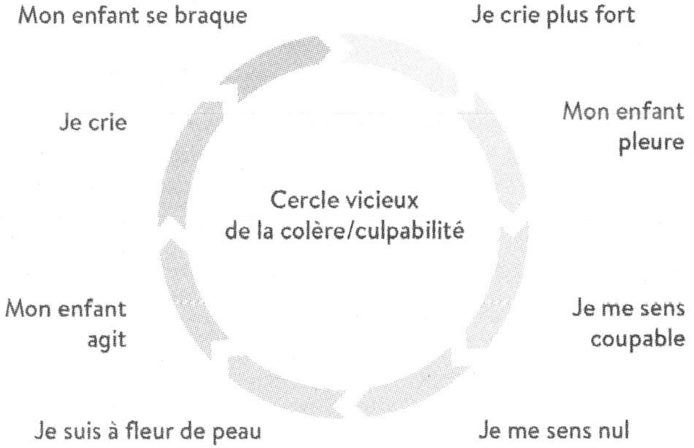

Briser un maillon de la chaîne suffit souvent à tout changer ! Comme un petit coup de marteau suffit à créer la fissure qui fera tomber d'un bloc le mur de nos incertitudes et de notre colère.

Pour pouvoir chasser une fois pour toutes cette culpabilité inutile, il est bon de savoir que chacun fait le meilleur choix possible à l'instant T en fonction de ses possibilités et de ses connaissances. À première vue, cela peut paraître difficile à croire. Car, après coup, en se repassant le film, il est évident qu'on aurait pu mieux faire. Mais, au moment crucial, si on avait vraiment eu un autre choix, eh bien, on l'aurait utilisé !… Et si on a fait ce qu'on a fait, c'est qu'on ne voyait pas d'autres options ou qu'à ce moment-là les autres possibilités étaient inatteignables pour nous (avec la fatigue, la colère ou toute autre circonstance qui nous bouchait la vue). Vous allez acquérir ici de nouvelles connaissances, de nouvelles compétences qui vous permettront d'agir différemment. (Pas besoin de se sentir coupable pour ce qui s'est passé avant, ni pour ce qui se passera après.) La culpabilité, c'est comme si vous avanciez sur une route en vous retournant, d'un air mécontent : « Oh ! avant, je n'en étais que là ! » Oui, on avance, on avance chaque jour, on est en chemin, chaque expérience nous permet de grandir et de nous rendre compte que le but n'est pas la destination mais le voyage lui-même (non, non, je vous rassure, ce n'est pas un livre philosophique… quoique !).

Des idées à mettre en pratique

Ce livre contient une foule d'idées, petites ou grandes, qui vous aideront à gérer vos émotions et à déjouer les crises de vos enfants. Comme pour tout apprentissage, rien ne sert d'ingurgiter des pages et des pages si on n'applique pas au moins une fois ce qu'on a appris. Alors, prenez une feuille de papier pour pouvoir noter au fur et à mesure les idées qui vous plaisent le plus.

Prends cette feuille, maintenant. Là, tout de suite. J'ai dit maintenant ! J'attends… bon, je compte jusqu'à trois : un… deux… trois… ! Arrête de faire celui qui n'a pas entendu, je te vois ! Qu'est-ce que t'attends… ?! Attention, je vais me fâcher ! Non, ne continue pas à lire ! J'ai dit « non ! »… Tu veux me faire tourner en bourrique ou quoi… ? Va chercher cette feuille tout-de-sui-te !

Bon, tu l'auras voulu, je vais te punir ! Prends cette feuille, bon sang, faut que je te le répète combien de fois ?? C'est pour ton bien en plus ! Si tu crois que ça m'amuse de m'énerver ! Franchement, tu as le don de me taper sur les nerfs ! File dans ta chambre ! Je ne veux plus te voir !

Alors, comment vous sentez-vous… ? Vous avez envie d'obéir et de la prendre, cette feuille ? Non ? C'est étonnant ;-)

Le fait de noter au fur et à mesure pourrait vous permettre de faire vraiment les changements que vous souhaitez voir apparaître dans votre vie. Certaines idées ne vous conviendront pas et vous pourrez les laisser de côté. D'autres idées seront vraiment adaptées à ce que vous cherchez et seront en accord avec vos valeurs, et vous pourrez les mettre immédiatement en pratique. Car il ne s'agit pas de devenir quelqu'un d'autre, un soi-disant parent parfait qui n'existe que dans les livres culpabilisants (ce qui n'est pas le cas, ici, vous l'aurez compris). Il s'agit de redécouvrir quel parent vous êtes vraiment, quels sont les trésors qui se cachent à l'intérieur de vous et comment les utiliser au sein de votre famille.

Alors vous avez le choix : vous pouvez noter sur une feuille (ou plutôt sur un carnet) ce qui vous plaît ou annoter directement le livre en cochant les pages sur lesquelles revenir plus tard. Qu'est-ce que vous préférez ?

Et là, comment vous sentez-vous ? C'est plus agréable… ? Vous avez envie de coopérer ? CQFD.

Ça y est… ? Vous avez vos feuilles ou votre carnet ? Super ! Alors, c'est parti !

Exercice n° 1
Mes qualités

Faites la liste de toutes vos qualités et ne vous arrêtez pas avant d'en avoir trouvé dix !
Si vous n'arrivez pas à en trouver autant, demandez de l'aide à vos amis, à votre famille, à votre mari... et même à vos enfants, en leur expliquant que c'est pour un exercice. Vous serez étonné des réponses que vous obtiendrez ! Et chaque jour, pendant une semaine, relisez-les le soir avant de vous endormir (vous allez faire de jolis rêves).

1. Je suis
2. Je suis
3. Je suis
4. Je suis
5. Je suis
6. Je suis
7. Je suis
8. Je suis
9. Je suis
10. Je suis

Une dernière chose (à ne jamais oublier)

Même si parfois vous avez envie de les jeter par la fenêtre, même s'ils vous ont réveillé la nuit pendant plusieurs années (et que ce n'est pas forcément fini), même si vous n'en pouvez plus de préparer des bons petits plats qu'ils ne veulent même pas goûter, même s'ils vous cassent les oreilles, les pieds, le dos et le moral… vous aimez vos enfants!!! (Vous n'aviez pas oublié, j'espère ???)

ET…

vous êtes la personne la plus importante au monde pour eux. Ils vous aiment, même quand ils semblent tout faire pour vous énerver, même quand ils n'écoutent rien de ce que vous dites, même quand ils ne rangent pas leur chambre, se tapent les uns les autres, ne font pas leurs devoirs, ne veulent pas aller au lit, renversent de la purée de brocolis sur votre chemise… ils vous aiment de tout leur cœur. Ne l'oubliez jamais.

Première partie

Prévenir et déjouer les crises

Il est souvent utile de pouvoir réagir avant que la crise ne se déclenche, alors vous trouverez dans cette partie :

Trois techniques à utiliser dès que vous voyez les premiers signes de colère de votre enfant :

- apprendre à entrer dans son monde
- détourner son attention
- mener l'enquête

Quatre techniques à utiliser dès que vous sentez les premiers signes de votre propre colère :

- technique 1, 2, 3, 4
- interrupteur positif
- changement rapide d'émotion
- la technique de l'escabeau

Et enfin, **trois techniques** pour déjouer les crises quand il n'a pas été possible de les éviter :

- dissocier la colère
- questionner la colère
- la phrase stratégique pour parents pressés

Prévenir les crises

« Il faut savoir que jusqu'à l'âge de 5 ans, le tout-petit ne sait pas gérer ses émotions. Il ne fait pas exprès. Il ne peut tout simplement pas faire autrement, car ses réseaux cérébraux ne sont pas assez fonctionnels. Il va donc agir sans recul. Et en proie à l'angoisse ou à l'inquiétude, il aura besoin d'un adulte qui le comprenne pour s'apaiser et mettre des mots sur ses émotions. Sinon, cela le terrorise. »

Catherine Gueguen, pédiatre[1]

Sortir du rapport de force

Qu'est-ce qu'une crise de colère ? La plupart du temps, cela vient d'une opposition. Je veux quelque chose et mon enfant ne veut pas : qu'il aille se coucher, qu'il s'habille… Ou bien mon enfant veut quelque chose et je m'y oppose : acheter un jouet au

1. Interview d'Agnès Perrot, 21 janvier 2015, http://www.apprentis-auteuil.org/

supermarché, manger un gâteau avant le repas, mettre une robe d'été au mois de décembre… (Vous remarquerez au passage qu'on ne désire que des choses bénéfiques pour nos enfants, mais hélas, cette notion de « pour ton bien » leur est, la plupart du temps, complètement étrangère. Combien de conflits pourraient être évités si un simple « c'est pour ton bien » pouvait déclencher la réponse : « Ah d'accord ! Je le fais tout de suite, alors ! »)

L'idée générale est de trouver tous les moyens possibles pour sortir du rapport de force. Et même pour ne pas y entrer. Dans un conflit, il y a toujours un perdant et un gagnant. C'est rare que deux camps opposés gagnent la même guerre, non ? Moi, j'ai plutôt tendance à dire que dans un conflit il y a deux perdants. Voyez l'état des pays en guerre après la signature de l'armistice. Parfois on ne peut même pas deviner lequel des deux a « gagné » le combat.

Il ne s'agit pas de tout accorder à nos enfants, loin de là, mais d'agir différemment pour que le conflit n'ait même plus de raison d'être. Un peu comme si on siégeait à l'ONU et qu'on prenait les bonnes décisions pour préserver la paix dans l'univers (de notre famille).

Que ce soit au travail, à la maison, en famille ou avec ses enfants, quand il y a conflit, la chose qui nous paraît la plus importante est de ne surtout pas perdre. Mais perdre quoi, au fait ? Perdre la face ? Perdre le pouvoir ? Perdre confiance en soi ? Qu'est-ce qu'on risque de perdre, en vrai ? Dès le plus jeune âge, on nous apprend à nous battre, à ne pas baisser les bras, à lutter… et si on avait tout faux depuis le début ?… Et si c'était celui qui lâche qui gagnait ?

Avec les enfants, le conflit est d'autant plus cruel et absurde qu'on sait avec certitude qu'on est plus fort qu'eux (au moins jusqu'à 10 ans, selon les gabarits…). On est plus fort en taille, en poids, en vocabulaire, en développement de connexions neuronales, en autonomie… en temps passé à lire des livres d'éducation positive !…

Bref, on est vraiment censé avoir « le dessus », alors pourquoi en ajouter une couche en s'énervant, en gesticulant ou en criant ? Tout le monde sait que les plus forts sont censés défendre les plus faibles, non ? Alors qu'est-ce qu'on fabrique avec nos enfants, bon sang ?! À quoi joue-t-on ?… (Et pour ceux qui ne peuvent vraiment pas se passer de ce jeu : seriez-vous un enfant qui ne supporte pas qu'on lui dise de rester sage ? Il est temps de grandir un peu, vous ne croyez pas ?)

Premiers signes de colère, que faire pour votre enfant ?

Apprendre à entrer dans son monde

Pour pouvoir être efficace dès les premiers signes qui annoncent la crise de colère et éviter que cela dégénère en drame, il y a trois choses à faire : d'abord se synchroniser avec l'enfant (1), ce qui veut dire entrer dans son monde ; ensuite, accueillir ses émotions (2); puis utiliser l'écoute active (3).

1. La synchronisation, c'est quoi ?

Il s'agit d'entrer en contact avec l'enfant et d'établir une relation suffisamment bienveillante pour que son cerveau reçoive ce message : « Je suis avec toi ! »

Pour cela, il faut d'abord adopter la même position corporelle que lui (il suffira souvent de se mettre à sa hauteur), le même débit de parole, la même intensité de voix. Agir en miroir en quelque sorte. S'il parle très vite et fort, il n'aura pas l'impression d'être compris si vous chuchotez calmement avec votre voix la plus douce. Quand vous êtes vous-même en colère et que votre interlocuteur vous dit doucement « Mais enfin, calme-toi… », ne sentez-vous pas l'intensité de votre émotion faire un bond supplémentaire dans votre poitrine ?

En adoptant sa posture et même son expression de visage, cela vous permettra de ressentir de l'intérieur ses émotions et de comprendre instantanément où il en est. La synchronisation élimine les jugements ou les interprétations qui viennent du point de vue extérieur que nous avons habituellement et qui nous empêchent d'agir correctement : « Il n'a aucune raison de se fâcher ! », « C'est encore un caprice ! », « Quel enfant difficile ! », « Juste au moment où je voulais me mettre à travailler [ou m'allonger, ou cuisiner]».

Pour pouvoir se synchroniser et entrer dans le monde de l'enfant, en adoptant pour quelques instants son point de vue, il faut lâcher ce que vous êtes en train de faire (sans oublier d'éteindre le gaz si vous faisiez cuire des pâtes !) et focaliser toute votre attention sur lui. Ces quelques minutes « perdues » vous feront gagner beaucoup de temps !

Parfois, cette première étape suffit à calmer la colère ou à la faire partir avant qu'elle s'amplifie. L'enfant se sent compris inconsciemment. La parole n'est parfois même pas nécessaire, car la synchronisation, si elle est bien faite (et avec un peu d'entraînement vous y arriverez très bien), est un outil très puissant. L'enfant se calme, s'apaise et peut passer à autre chose. Le conflit n'a pas eu lieu ! Bravo !

Pour vous synchroniser avec un enfant qui crie et gesticule, il faut crier et gesticuler comme lui autant que possible, en veillant à ne pas mettre d'émotion dans vos cris mais en reproduisant simplement le volume sonore et le débit de votre modèle. Imaginez quelqu'un qui est coincé tout en haut d'une échelle.

Si vous restez en bas et que vous lui demandez de descendre, il risque de ne pas pouvoir y arriver. En revanche, si vous montez vous aussi tout en haut et que vous le prenez par la main, la descente sera beaucoup plus facile et rapide ! Alors une fois que vous avez atteint son niveau sonore, vous baissez progressivement le volume pour arriver à parler d'une voix calme en vérifiant que votre enfant vous a suivi dans cette descente et que vous pouvez, tous les deux, poser vos pieds au sol en même temps.

2. Accueillir, valider les émotions de l'enfant

Là aussi, il s'agit d'éliminer les jugements de valeur (« Tu es insupportable ! », « Tu pleures pour rien ! », « Tu me casses les pieds ») et de valider ce qui est en train de se passer (« Tu pleures… Tu as de la peine », « Je comprends, je vois… OK… c'est OK ») sans ajouter d'explication inutile et qui risque de tomber à côté (« Tu pleures parce que… »), seulement des mots simples pour dire que vous êtes avec lui dans ce qu'il est en train de traverser, même si vous ne comprenez pas exactement ce qui se passe. L'important, c'est qu'il sente votre chaleur, votre présence bienveillante. Simplement en le regardant, en restant près de lui, sans chercher à le calmer, à le réconforter, à nier son émotion. Au lieu de « C'est rien, ça va passer, c'est fini », « Arrête de pleurer comme ça », essayez plutôt « Ça fait mal ?… Tu es contrarié ?… Tu es fâché ?… » et restez près de lui, dans une écoute passive. C'est assez magique ! On croit qu'il faut faire, faire, faire ou dire,

dire, dire, mais parfois le silence qui accepte est plus puissant que tout le reste.

On croit souvent que valider les pleurs ou la colère les renforce, mais c'est au contraire ce qui les *apaise* le plus effacement. (Car il est question d'être efficace avant tout, on n'a pas que ça à faire non plus, on a nos problèmes nous aussi, non mais !)

« La croyance populaire veut que si on accepte vraiment un enfant, il ne changera pas. On croit que pour aider les enfants à s'améliorer on doit souligner leurs défauts. […] Accepter une personne telle qu'elle est, constitue la seule façon d'amener cette personne à changer. C'est un des magnifiques paradoxes de l'existence. »

Thomas Gordon

3. L'écoute active

Une fois que vous vous êtes synchronisé, que vous avez regardé, écouté, senti le problème de votre enfant, vous pouvez reformuler ce qu'il vient de dire. Sans aucun ajout, sans proposer de solution, simplement en reformulant ce qui vient d'être dit ou fait de la voix la plus neutre possible. C'est-à-dire avec unc intonation où il n'y a aucune trace de reproche, d'amertume, de déception, de rancœur… mais plutôt empreinte de curiosité, d'acceptation et de bienveillance.

« C’est pas juste !… J’en ai assez !

— Tu trouves que ce n’est pas juste…

— Oui, j’ai perdu alors que j’avais mis la bonne carte !

— Ah, tu avais mis la bonne carte ?… »

Ça peut paraître un peu idiot de « faire le perroquet », mais ça permet à l’enfant d’expliquer ce qui le gêne et de comprendre lui-même quelle est la solution à son problème. Parce qu’on a beau être sa mère ou son père et croire qu’on connaît notre enfant comme si on l’avait fait (et pour cause !), on est souvent surpris à la fois par ce qui les dérange vraiment et par leur capacité à trouver tout seuls des solutions. Ils n’ont pas besoin de notre aide pour trouver la solution, mais ils ont besoin de notre aide pour pouvoir la trouver tout seuls.

Vous reconnaîtrez peut-être dans le dialogue qui suit quelques phrases familières (oui, ça arrive aussi aux autres !) :

« J’ai pas envie d’aller me coucher !

— Je ne veux pas le savoir, c’est l’heure d’aller au lit, il est déjà tard !

— Je veux paaaaaaaaaaaaaas !

— Ça suffit maintenant !… On a été au parc tout l’après-midi, tu es fatigué, alors tu arrêtes de discuter et tu te dépêches, s’il te plaît !

— Nooooooooooooooon !!! T’es pas gentille ! »

Vous pourrez maintenant commencer progressivement à utiliser la reformulation neutre de l'exemple suivant pour en savourer les avantages :

« J'ai pas envie d'aller me coucher !

— Ah bon ?… Tu n'as pas envie ?…

— Non… j'ai peur de faire un cauchemar.

— Ah… c'est ça qui t'empêche d'aller te coucher ?…

— Oui… j'ai fait un cauchemar hier et j'ai peur que ça recommence.

— Et qu'est-ce qui pourrait te rassurer ? [L'enfant sait mieux que vous ce dont il a besoin.]

— Que tu m'accompagnes dans ma chambre…

— OK, on y va. »

Comme vous pouvez le constater dans ces deux exemples, ne pas entrer dans le rapport de force est encore la meilleure façon d'en sortir !

Détourner l'attention

Une autre façon d'éviter le conflit qui dégénère ensuite en séances de cris de part et d'autre est de détourner l'attention de l'enfant. C'est utile quand on n'a pas le temps de mettre en place la première méthode ou lorsqu'on est dans un lieu public ou encore si on a envie de mettre un peu plus de gaieté dans sa vie.

L'enfant vit dans le présent, ce qui vient de se passer n'existe plus pour lui… autant en profiter ! Il est donc très facile de détourner son attention grâce à sa capacité à changer d'émotion dans la seconde. (Parfois on aimerait bien, nous les adultes, être capables de cette prouesse et ne pas ruminer pendant des heures, des semaines, des années un événement passé, pouvoir être tout à coup ravis de regarder un nuage en forme de voiture dans le ciel ou s'amuser à sauter dans une flaque d'eau en oubliant tout le reste, non ?) Comprenez bien qu'il ne s'agit pas de nier le problème en faisant la politique de l'autruche mais plutôt de faire en sorte que le problème ne se renforce pas de lui-même. Dire « non » à un enfant qui désire quelque chose et répéter ce « non » de plus en plus fermement jusqu'à ce que l'enfant pique une crise, c'est un peu comme si on grattait une piqûre de moustique. Ne pas la gratter n'est pas équivalent à nier son existence mais plutôt à faire en sorte de ne pas focaliser son attention dessus. Car on sait que, si on la gratte, ça va démanger encore plus et encore plus et encore plus… C'est justement parce que l'on sait que cette piqûre est là qu'on va agir de cette façon, parce qu'on a réfléchi à la question et qu'on a choisi cette attitude en connaissance de cause. Alors quand vous voyez votre enfant qui commence à s'énerver dans un supermarché, pensez au moustique !

Détourner l'attention de l'enfant peut se faire de plusieurs façons et bien sûr vous pouvez aussi en inventer d'autres vous-même ! L'important, c'est que ça fonctionne !

1. Lui parler du futur

Dans un cadre thérapeutique, cette technique s'appelle « faire un pont vers le futur ». Cela consiste à faire imaginer au patient comment serait sa vie *sans* son problème. Cela permet de créer de nouvelles connexions dans le cerveau ; au lieu d'être focalisé sur tout ce qui ne va pas, on imagine tout ce qui serait différent, une fois le problème résolu. Cela permet de savoir plus précisément quel est notre objectif, de trouver le chemin qui mène à cette solution et d'évaluer en connaissance de cause tout le bénéfice qu'il est possible d'en tirer. Cela renforce la motivation nécessaire à tout changement. À quoi ressemblerait ma vie de famille si je ne me mettais plus en colère contre mes enfants ?… Quelle serait l'ambiance ?… Comment seraient nos échanges ?… Comment serait mon humeur ?… De quelle manière je m'adresserais à eux ?… Y aurait-il plus de rire, de joie, de bonheur ?… Plus j'imagine précisément le changement bénéfique, plus j'ai envie qu'il se produise.

À un enfant, on peut tout simplement parler de ce qu'on va faire ensuite. À l'évocation de ce futur agréable, il va naturellement l'imaginer. Comme le cerveau préfère ce qui fait plaisir à ce qui fâche, il va rapidement laisser tomber l'amorce de conflit pour naviguer sur la représentation de cette activité future sympathique.

« Tu sais, dans dix minutes, on va au parc… » L'enfant visualise la balançoire et lâche le paquet de bonbons qu'il tenait à la main.

« Tu te rappelles que demain ta copine Mathilde vient goûter à la maison ? » Il sent l'odeur des gâteaux et lâche les cheveux de sa petite sœur.

« Ce soir, si tu veux, je te lirai ton histoire préférée, c'est laquelle déjà ? » Il entend la voix douce de sa maman dans la pénombre du soir et éteint la télé.

L'esprit de l'enfant, détourné de son cheminement vers la colère, prend facilement la route du plaisir futur : images, sons, sensations sont au rendez-vous et son émotion change instantanément. Bingo !

2. Personnifier des objets

Tout le monde sait que les enfants adorent jouer et ont beaucoup d'imagination, alors un bon moyen de détourner leur attention est tout simplement de jouer (encore un moyen, en fait, d'entrer dans leur monde, de se synchroniser).

Un jeu que j'adore et qui peut être fait n'importe où consiste à personnaliser des objets et à les faire parler avec une voix bizarre.

« Je suis un pauvre petit chausson abandonné, et j'aimerais tellement voir des petits orteils ! Oh, si seulement je pouvais apercevoir des petits orteils… Oh, je vois un petit orteil qui se rapproche de moi ! »

« Tu as vu des dents, toi, aujourd'hui ? [C'est la brosse à dents qui parle au dentifrice.]

— Non, pas depuis hier, je me demande bien ce qui se passe…

— J'espère que [prénom de l'enfant] n'est pas fâché contre nous et qu'il va bientôt nous rendre visite !

— En tout cas, ce n'est pas de ma faute… J'ai peut-être un peu coulé dans le lavabo hier, mais j'ai le droit en tant que dentifrice, non ? Et puis c'est rigolo, ça fait comme un toboggan ! »

« Dis donc, toi, tu veux me manger ?!… [C'est le bonbon qui parle.] Mais j'ai pas envie qu'on me mange, moi !… J'aimerais bien rester sur cet étalage, car d'ici je vois tout le magasin et je peux voir tout ce qui s'y passe !… Et d'ailleurs, je t'observe depuis tout à l'heure… et j'aimerais bien qu'on devienne copains, tu veux ?… Alors la prochaine fois que tu viens ici, tu me diras "bonjour", OK ?… Je t'attendrai ! »

Vous avez compris le principe, les enfants adorent quand on change de voix et de mimique et qu'on fait des gestes bizarres (vous avez déjà essayé de bouger comme un chewing-gum ?)… Ce changement de leur réalité les fascine et leur frustration de ne pas avoir eu ce bonbon disparaît encore plus vite qu'elle est venue.

3. Utiliser l'humour

Une autre arme puissante pour déjouer les émotions négatives est l'humour. L'humour permet de prendre du recul, de se détacher de ses impressions et… de faire rire ! Car c'est facile, en fait, de faire rire un enfant.

Une grimace, un son bizarre, un mot qui n'existe pas et c'est parti pour un fou rire général. Pourquoi se casser la tête à faire des discours super-longs qu'ils n'écoutent pas et qui ne servent à rien à part pourrir l'ambiance, alors qu'avec un seul mot (rigolo), on peut dénouer une situation compliquée ?

Ma fille fait tomber sa fourchette par terre. Je lui demande de la ramasser. Elle m'ignore. J'insiste. Elle répond : « J'ai pas envie, t'as qu'à la ramasser, toi. »

Bon. Je respire.

Deux solutions :

1. Je me sens blessée, bafouée dans mon autorité, elle ne me respecte pas, je sens ma poitrine qui se bloque, je suis sur le point d'éclater, de hurler, de menacer ou de faire n'importe quoi qui pourra la faire plier à MA volonté. Et gagner fermement cette lutte de pouvoir ! Parce qu'elle me cherche, non ?… Mais si, c'est évident ! Si je laisse passer ça, ensuite elle me marchera sur la tête ! Et c'est hors de question !

2. Je vois qu'elle n'a pas l'intention de ramasser cette fourchette. Je ne me sens pas visée (je ne vais pas m'identifier à une fourchette, quand même !) et je dis :

« Mais dis donc, qui t'a élevée, toi ?

— Ben, c'est toi, maman !

— Faudra que je dise deux mots à ta mère !... Parce que là, c'est vraiment n'importe quoi ! Jeter sa fourchette par terre en plein milieu du repas ! Il va falloir qu'elle revoie toute son éducation depuis le début, ça ne va pas du tout ! Mais pas du tout !!! »

Elle rigole, se demande si je suis complètement folle ou si c'est elle. Dans le doute, elle ramasse sa fourchette et on continue à parler de cette « mère imaginaire » qui n'a pas fait son boulot correctement. (Car finalement, qui est responsable de la non-obéissance de nos enfants, à part nous ?... Alors pourquoi c'est sur eux qu'on crie, s'ils n'y sont pour rien ?)

Gardez en tête la piqûre de moustique qui démange de plus en plus chaque fois qu'on la gratte, et vous constaterez rapidement par vous-même les bienfaits de cette technique de diversion. Vous avez dès maintenant toutes les informations nécessaires pour commencer à inventer vos propres façons de détourner l'attention de votre enfant. Alors, à vous de jouer !

Mener l'enquête

Et c'est maintenant qu'intervient la troisième et dernière étape du processus. Pendant tout ce temps, c'est-à-dire pendant que vous faites des imitations incroyables de tee-shirt qui parle, de brosse à cheveux qui chante ou que vous faites l'andouille en plein milieu du supermarché pour le plus grand plaisir de vos enfants, vous allez mener subrepticement votre enquête. L'idée est de trouver quel est le besoin qui n'a pas été comblé et qui a provoqué ce début de crise (voir dans la deuxième partie : la liste des besoins, p. 140). Car les enfants, comme les adultes d'ailleurs, sont des êtres logiques chez lesquels rien n'arrive par hasard. C'est plus difficile de savoir ce qui s'est passé avec un enfant, car, souvent, il ne le sait pas lui-même. Un jour ma fille aînée était ronchon au repas du soir, elle a ensuite traîné (plus que d'habitude) les pieds pour se brosser les dents, a trouvé toutes sortes d'excuses pour ne pas se mettre en pyjama, bref, elle retardait par tous les moyens le moment d'aller au lit. Ce n'est que le lendemain que j'ai appris que, la veille donc, sa meilleure amie lui avait dit la fameuse phrase qui tue : « Tu n'es plus ma copine ! » Elle n'avait pas conscience du rapport direct entre cet événement désagréable de l'après-midi et son humeur massacrante du soir. Quand on s'imagine que notre enfant « nous cherche », qu'il fait « tout pour nous énerver », on est souvent complètement à côté de la plaque. Chaque comportement a une logique interne souvent incompréhensible de l'extérieur (et parfois même de l'intérieur). Dans mon métier de thérapeute, je trouve toujours passionnant de découvrir la logique qui se cache dans les comportements les plus absurdes ou les plus négatifs. On ne sait pas pourquoi on a certaines peurs, certains comportements irrationnels, on se reproche d'avoir ce trait de caractère difficile, on se condamne durement pour telle action sans avoir la moindre idée de la raison logique inconsciente qui lui a donné naissance.

Résoudre l'enquête avec son enfant permet d'avoir le comportement adéquat. J'ai appris par cette expérience que quand ma fille a ce type de comportement, elle a besoin de se sentir rassurée sur notre affection. Si je durcis le ton, elle se sent rejetée (alors que ce n'est pas le cas), se renferme un peu plus et va s'opposer de façon systématique à ce qui est demandé. Un gros câlin tout doux et tout rentre dans l'ordre. (Oui, oui, parfois, c'est simple !) Il s'agit d'être attentifs à tous les indices qui pourraient nous permettre de nous mettre sur la bonne piste. Rester ouverts aux différentes possibilités, rejeter toute idée préconçue, relever les empreintes, retracer l'emploi du temps de tous les suspects… Résoudre l'enquête nous permet d'éviter que ça se reproduise ! (Parce qu'on n'a pas que ça à faire, de faire parler les tomates avec les salades quand on fait les courses, non ?)

Premiers signes de colère, que faire pour vous ?

« Si nous voulons que les enfants apprennent à maîtriser leurs comportements, alors nous devons apprendre à maîtriser les nôtres. Nous sommes les adultes. »

Jane Nelsen, *La Discipline positive*

Tout ça, c'est bien joli, me direz-vous, mais comment faire quand je suis moi-même sur le point de craquer, de hurler et que mon émotion est plus forte que moi et emporte toutes mes bonnes résolutions sur son passage ? Très bonne question ! Voici donc quatre idées/solutions à mettre en pratique. Mais avant, un petit point sur le cri des mamans (et des papas). Parce que c'est vrai ça, pourquoi on crie ? Pourquoi s'énerve-t-on ?

Si vous faites partie de ces parents qui crient facilement (euh… en fait, c'est la majorité, je vous rassure, je dirais même la totalité), apprenez que ce n'est pas un « défaut ». Quand on crie, ce n'est pas sans raison, qu'il s'agisse de vous ou de vos enfants, d'ailleurs.

En tant que parent, on crie souvent par peur. Peur que l'enfant se fasse mal, se fasse écraser, se brûle, attrape froid, se salisse, etc.

Ensuite, on crie quand on ressent de l'impuissance (besoin de pouvoir non satisfait [voir la deuxième partie : les besoins, p. 140]), quand on a l'impression que tout nous échappe, qu'on ne contrôle rien, qu'on ne peut rien faire, que personne n'écoute… et qu'on est mal aimé. Alors avant de crier, rappelez-vous toujours que vos enfants vous adorent, ils vous aiment plus que tout, et même s'ils ne font rien de ce que vous leur demandez, c'est parce que c'est le seul moyen qu'ils ont trouvé pour avoir l'impression d'exister (dans ce vaste monde).

Voici venu le moment de repenser à l'image de vos enfants une fois devenus grands, vous savez cette image où vous voyez toutes leurs qualités, tout le savoir-faire et le savoir-être que vous leur avez transmis… et c'est aussi le moment de vous reconnecter avec votre propre image, vous savez, celle de la personne que vous avez envie de devenir et qui sait si bien gérer toutes sortes de situations.

Technique 1, 2, 3, 4

Voici une technique qui vous facilitera la tâche, car pour pouvoir devenir cette personne idéale, il y a un (petit) chemin à parcourir. L'idéal est de se retirer dans une pièce au calme (l'exercice dure cinq minutes au maximum) pour pouvoir ensuite réagir à la situation, au conflit, au problème en étant muni de tout son potentiel.

Premièrement, fermez les yeux un instant (mais pas tout de suite, hein ? sinon, vous n'aurez pas les étapes suivantes et puis vous pourriez vous endormir, ce qui n'est pas l'objectif, quoique, en tant que parent, ce soit souvent ce dont on a le plus besoin : du repos !).

Deuxièmement, respirez profondément, en imaginant que vous inspirez de la détente et que vous expirez la colère. Cinq bonnes grandes et lentes respirations permettent de ralentir votre rythme cardiaque. Et pour renforcer encore le processus, imaginez que la colère qui s'en va à chacune de vos expirations a une certaine couleur et que le calme dont vous vous remplissez est d'une autre couleur. Quand vous inspirez, pensez à gonfler votre ventre comme un ballon et, quand vous expirez, sentez que votre ventre se creuse progressivement. Vous pouvez mettre une main sur votre ventre pour vous aider à sentir ce mouvement naturel.

Et en même temps dites-vous que cet événement, ce cri, cette colère, ne vous concerne pas directement. Même si votre enfant hurle « T'es méchante !!! », en fait, ce n'est pas de vous qu'il s'agit. Eh oui, comme vous le verrez dans la deuxième partie de ce livre, c'est juste un de ses besoins qui n'est pas comblé : manque de sommeil, frustrations diverses, incompréhension ou sentiment d'être nul… Vous n'êtes ni coupable, ni responsable de ce qui arrive à vos enfants, par contre vous êtes responsable de la façon dont vous y réagissez.

Alors pour vous encourager, répétez-vous mentalement : « Je vais y arriver… c'est facile… Je suis capable de rester calme… Je suis grand maintenant… » Ou n'importe quelle autre phrase positive qui vous fait du bien. (Attention à la formulation, si vous vous dites « Je ne vais pas m'énerver », votre cerveau, comme celui de vos enfants, ne comprend pas la négation et entendra « Je vais m'énerver » [voir deuxième partie]!)

Et pour renforcer tout cela, vous pensez à une image de vos enfants qui vous redonne le sourire. Soit une fois qu'ils seront grands, soit quand ils étaient bébés, selon ce qui vous fait venir le sourire aux lèvres le plus rapidement. Moi, j'aime beaucoup l'image de mes filles quand… elles dorment ! (Parce que les enfants finissent toujours par s'endormir à un moment ou à un autre. Cette idée-là est aussi à garder en tête, car elle peut remonter le moral !)

Voici le récap de la technique 1, 2, 3, 4 :

1. Fermer les yeux

2. Faire cinq grandes respirations avec le ventre en expirant la colère et inspirant le calme avec des couleurs

3. Se répéter une phrase encourageante cinq fois de suite

4. Voir mentalement l'image positive de ses enfants

Après un peu d'entraînement, la première étape suffira à vous calmer, vous n'aurez plus besoin de vous isoler quelques minutes, le simple fait de fermer les yeux vous permettra de garder votre sang-froid.

Créer votre interrupteur positif

---

1. Se fabriquer un ancrage

Comme ce n'est pas toujours évident au début de réussir à se calmer soi-même, de façon à renforcer la technique précédente, je vous ai préparé un podcast hypnotique pour créer votre interrupteur positif. Il s'agit de fabriquer un ancrage, c'est-à-dire un signal/stimulus qui va déclencher automatiquement un changement d'état émotionnel. C'est un phénomène que vous connaissez déjà sans le savoir : par exemple, quand vous entendez votre musique préférée (stimulus auditif), cela vous met de bonne humeur ou vous rappelle un souvenir particulier ; ou quand vous passez devant une boulangerie, certaines odeurs peuvent vous rappeler les gâteaux de votre enfance. C'est exactement ce que décrit Proust avec sa fameuse madeleine, qui le replonge complètement dans l'atmosphère de ses vacances chez sa tante Léonie (à partir d'un stimulus gustatif).

Il existe aussi des ancrages négatifs, par exemple, dès que vous voyez la tête de votre belle-mère, vous vous sentez nerveux, angoissé ou terriblement fatigué, c'est un changement d'état émotionnel automatique et, dans cet exemple, le stimulus est visuel !

Avec l'ancrage, vous n'avez pas d'effort à faire, rien de particulier à penser ; votre état émotionnel change comme si on avait appuyé sur un bouton. Ce qui est intéressant, c'est qu'on peut créer ses propres ancrages et ne plus seulement subir ceux qui se créent indépendamment de notre volonté. En écoutant ce podcast, vous allez construire sur votre corps un interrupteur invisible, et dès que vous appuierez dessus avec votre main, votre calme reviendra automatiquement. Ça a l'air magique et ça l'est !

2. La méthode en action

Voici le récit d'un père de quatre enfants âgés de 7 à 12 ans :

Quelle que soit l'heure du jour ou de la nuit, la lumière de la salle de bains reste sans arrêt allumée. J'ai beau leur répéter tous les jours qu'il faut éteindre la lumière, rien n'y fait. Les jours passent, et mon exaspération augmente à vue d'œil. Les explications ont fait place aux remarques acerbes qui ont elles-mêmes cédé leur place aux cris : « Venez les enfants, je vais vous dire quelque chose d'important : il faut éteindre la lumière, car cela consomme de l'énergie et c'est mauvais pour la planète »… « Qui a encore laissé la lumière allumée ? »… « Il y a quelque chose que vous ne comprenez pas dans la phrase "Il faut éteindre la lumière ?" »… « Éteignez cette lumière, bon sang, combien de fois je dois vous le répéter ! »… « Non mais c'est pas possible, vous vous moquez de moi ou quoi ?! »… Et voilà que maintenant la seule vue de la salle de bains me met tout bonnement dans une rage folle. Je décide d'agir. Je prends les dix minutes nécessaires pour construire mon ancrage de calme, mon « interrupteur positif ». En voyant que la lumière est restée allumée (encore une fois !), j'appuie sur mon ancrage, le calme revient immédiatement dans mon corps et je me rends compte que j'ai pour la première fois à disposition toutes mes facultés intellectuelles pour résoudre ce problème. (Vous avez remarqué que la colère nous prive souvent d'une bonne partie de notre cerveau ?) J'ai alors l'idée de coller un Post-it sur l'interrupteur : « Merci de me faire des chatouilles, sinon je déprime ! » Et un autre sur la porte de la salle de bains : « Avant de franchir ce seuil, merci de me faire réapparaître, sinon ma vengeance sera terrible. Signé : le dieu de l'obscurité. » Quelques jours plus tard, l'habitude a (enfin) été adoptée par toute la famille et les factures d'électricité ont retrouvé une apparence plus digeste (pour moi). Depuis j'utilise mon ancrage de calme dès que j'en ai besoin, ce qui est souvent le cas avec quatre enfants !

Si vous avez dix minutes devant vous et Internet à portée de main, c'est le moment de construire votre propre « interrupteur positif ».

Interrupteur-positif. mp3

https://soundcloud.com/user-77415906/ancrage

Après avoir été utilisé un certain nombre de fois, l'ancrage pourra être un peu moins efficace, il faudra alors le recharger, en appuyant simplement dessus pendant dix secondes chaque fois que vous vous sentirez naturellement calme et détendu. C'est un peu comme un réservoir, il faut le remplir pour pouvoir l'utiliser longtemps. En le rechargeant régulièrement, vous pourrez le garder un grand nombre d'années.

Changer rapidement d'émotion

Voici une autre méthode pour garder votre calme. Cette technique ne demande aucune préparation, il suffit d'y penser le moment venu.

1. Un peu de maths pour gérer ses émotions

Même si vous n'aimiez pas les maths à l'école, voici une équation qui vous sera très utile dans la vie de tous les jours :

« plus » + « moins » = zéro

Cela veut dire que le corps humain ne peut pas ressentir deux émotions contraires en même temps. On ne peut pas être énervé et joyeux à la même seconde. Bien sûr, on peut avoir des sentiments partagés, mais on ne peut pas ressentir une émotion et son contraire en même temps. C'est physiologiquement impossible.

OK, me direz-vous, mais comment faire pour passer d'un très grand énervement à une très grande joie ?

Eh bien, voilà la bonne nouvelle du jour : c'est beaucoup plus simple qu'on pourrait le croire.

Vous vous sentez particulièrement énervé, vous venez de lui répéter 153 fois la même phrase sans aucune espèce d'effet ou, en tout cas, absolument pas l'effet escompté ; votre patience (infinie) a alors atteint son point de non-retour, vous êtes à la limite d'exploser, aucune alternative ne s'offre à vous, vous ouvrez la bouche pour crier, décharger votre exaspération sur ce petit être insupportable… STOP !

C'est le bon moment pour employer la méthode magique !

Au lieu de crier, ouvrez bien grand la bouche comme vous étiez prêt à le faire, mais… au lieu de crier, chantez !

« Mais enfin, je n'ai pas du tout envie de chanter, moi ! Je suis super-méga-énervé!!! »

Je comprends bien !… Et c'est justement là que ça devient intéressant, drôle (et mathématique) : vous ne pourrez pas chanter en étant énervé. Le simple fait de vous mettre à chanter va faire complètement disparaître la colère, et dans le même temps (et c'est là que c'est magique), faire obéir votre enfant.

2. La méthode en action

19 heures. Fin de journée. Fatigue. Ma fille de 6 ans refuse de se mettre en pyjama. Je lui demande une fois, deux fois, trois fois… Elle continue à jouer comme si de rien n'était. Bref, pas la peine de vous faire un dessin, vous imaginez la scène… La colère commence à monter. Pourquoi ne fait-elle pas ce que

je lui demande ?!… Je ne vais pas me laisser faire, j'ai le repas à préparer, etc.

Juste un petit effort pour se lancer et…

… sur l'air de « Vive le vent d'hiver » (parce que c'est le premier qui me vient à l'esprit) :

« Mets ton pyj',
mets ton pyj',
mets ton pyjamaaaa…
ma chérie,
habille-toi,
allez, habille-toi ! »

Regard surpris de ma fille, qui se met à chanter elle aussi et à mettre son pyjama en rigolant. Quand je vous disais que c'était magique !

Si vous préférez mettre de la musique et danser, ça marche aussi très bien. On ne peut pas danser et être en colère en même temps. Essayez et vous constaterez que c'est impossible.

J'aime bien le chant, parce que ça peut se faire partout et sans préparatifs, ça met de la bonne humeur dans la maison et c'est gratuit !… À utiliser sans modération ! Alors bien sûr tous les styles musicaux sont les bienvenus, ce n'est pas nécessaire de choisir une chanson enfantine.

Un petit bug comme ça permet de sortir facilement du cercle vicieux de la culpabilité : il crie, je crie, je me sens coupable, etc.

Peut-être pourriez-vous objecter que si on se met à chanter à tout bout de champ, on va perdre en crédibilité et que nos enfants nous écouteront encore moins. Au contraire, ça leur apprend qu'il n'y a pas qu'un seul type de réaction possible face à un événement et ça leur donne par la même occasion l'idée de réagir (eux aussi) autrement face à la contrariété ou la frustration. Ça leur donne du choix : face à un problème, j'ai le pouvoir de décider comment je réagis. Je peux me fâcher et crier ou je peux rire et chanter. Cette décision m'appartient complètement. Personne ne peut me forcer à me mettre en colère. Et même si au départ je n'ai pas envie de chanter, ni de danser, quand je le fais, ma physiologie change et mon humeur change automatiquement (ou plutôt mathématiquement, aussi vrai que deux et deux font quatre). Et pour ceux qui auraient besoin de le voir pour le croire, chantez à la première contrariété et vous m'en direz des nouvelles !

La technique de l'escabeau

La quatrième méthode que je vous propose est à faire au calme, seul, une fois que la crise est passée. Elle sert à voir la situation d'un œil neuf pour vous permettre de réagir autrement la fois suivante.

On dit souvent que pour bien voir une situation dans son ensemble ou pour se sentir moins touché par quelque chose, on doit prendre du recul[1]. Eh bien, là, vous allez le faire en vrai, c'est-à-dire physiquement ! Cet exercice permet d'adopter le point de vue de différentes personnes, comme dans un jeu de rôle, de façon à enrichir notre propre perception des choses.

Avant de commencer, il faut préparer deux chaises face à face et, un peu plus loin, un tabouret sur lequel vous pouvez monter (ou un escabeau). Et ensuite il faut être prêt à vraiment jouer le jeu !

1. Vous commencez par vous asseoir sur la première chaise en regardant la situation de VOTRE point de vue, en disant tout ce que vous ressentez : « Je suis en colère contre mon fils, parce qu'il jette son manteau par terre en rentrant de l'école. J'ai vraiment l'impression qu'il se fiche de moi, il n'écoute rien et il ne me respecte pas. »

2. Ensuite, vous vous asseyez sur la deuxième chaise en face de la vôtre et vous parlez comme si vous étiez votre fils. (Il faut vraiment parler comme lui le ferait et non pas comme vous aimeriez qu'il le fasse.) « J'en ai marre que maman me crie dessus… je fais tout ce qu'elle me demande… je crois qu'elle ne m'aime pas vraiment, tout ce qui l'intéresse, c'est

1. Il s'agit du protocole des « positions perceptuelles » en PNL, utilisé en entreprise et en thérapie pour résoudre des situations conflictuelles.

d'avoir sa maison propre » (Il est très important de dire « JE » en lui donnant la parole.)

3. Vous revenez quelques instants sur votre chaise (dans vos baskets) et vous examinez comment vous vous sentez après avoir entendu la version de votre enfant.

4. Ensuite, vous montez sur votre tabouret, votre escabeau ou sur n'importe quoi de solide qui peut vous donner une vision d'en haut des deux chaises. Vous imaginez que vous êtes un Martien ou un habitant d'une autre planète qui regarde ces deux personnes se disputer sans rien comprendre de ce qu'elles disent et vous dites ce qui vous vient à l'esprit : « Moi [le Martien], je trouve qu'ils se disputent vraiment pour des bêtises, on voit bien qu'ils s'aiment tous les deux, quel dommage de se faire du mal comme ça. » Et vous demandez conseil à ce Martien, qui, du haut de sa planète, avec le recul qui est le sien, aura sûrement une bonne idée pour vous : « Moi [le Martien], je leur conseille de… »

Bon, bien sûr si votre conjoint rentre à ce moment-là et qu'il vous voit perché sur votre escabeau en train de regarder deux chaises vides et de parler comme si vous étiez un Martien, il risque de se poser des questions… Mais essayez, ça vaut vraiment le coup !… Ça permet de trouver des solutions, des angles d'approche auxquels on n'aurait jamais pensé avant. Ça ne prend qu'une dizaine de minutes en tout et ça peut changer une relation de fond en comble.

Ça paraît un peu simpliste à première vue, mais c'est en fait la concrétisation de la formule « Moi si j'étais à ta place… », sauf qu'on n'y va jamais vraiment, à la place de l'autre, d'habitude. Le fait de jouer un autre personnage, en prenant la posture de votre enfant, sa voix, sa gestuelle, cela permet de découvrir ses motivations et surtout d'élargir votre propre vision du problème. C'est souvent parce qu'on a une vision partielle des choses qu'on n'arrive pas à les changer. Ce jeu des positions permet d'avoir une approche globale plus intéressante et vous serez surpris de constater à quel point les Martiens sont de bon conseil quand on prend le temps de leur demander leur avis !

Bien sûr, rien ne vous empêche de faire cet exercice avec votre belle-mère, votre patron, votre conjoint ou n'importe qui d'autre en cas de conflit ou de mésentente !

Déjouer les crises

Voici la marche à suivre en cas de crise de colère de votre enfant. Vous pouvez bien sûr vous servir de votre interrupteur positif pour être en état de le faire rapidement.

La synchronisation

La première chose à faire est toujours la synchronisation, je vous laisse relire le chapitre précédent si besoin. Ça peut être extrêmement rapide et même sans paroles. Simplement, par exemple, en calant votre respiration sur la sienne, en inspirant quand il inspire et en expirant quand il expire. Pour vous aider, vous pouvez poser une main sur son ventre ou sur son épaule et entrer petit à petit dans son rythme de respiration. Immédiatement, son inconscient va entendre le message « Je suis avec toi » et se calmer.

Dissocier l'enfant de sa colère

Pour que votre enfant puisse prendre du recul sur son émotion (comme vous l'avez fait dans l'exercice des chaises), vous pouvez l'aider en dissociant clairement votre enfant de sa colère. Il n'est pas sa colère, il est possible de mettre d'un côté la colère et de l'autre côté l'enfant. Et pour faire cela, il y a plusieurs possibilités :

Dessiner la colère : simplement en lui donnant une feuille et des crayons et en l'encourageant gentiment : « Dessine-moi ta colère… ce que tu ressens à l'intérieur… » Des gribouillis suffisent à dissocier l'émotion. La colère se retrouve sur le papier et l'enfant devant le papier. Après, l'enfant peut déchirer le dessin ou le froisser très fort, ou le piétiner ou encore l'enfermer dans une « boîte à colère » prévue pour cet usage.

La boîte à colère : il s'agit d'une petite boîte que vous pouvez identifier en collant le mot « Colère » ou « Boîte à colère » dessus. Ensuite, dès que votre enfant commence à crier (ou avant), vous lui proposez de déposer sa colère dans la boîte soit avec un dessin, soit en chuchotant, soit simplement en faisant le geste de déposer sa colère (par exemple, qui sort du ventre ou de la tête) dans la boîte puis de la refermer. Une fois l'émotion passée, ou le lendemain, vous pouvez proposer à votre enfant de libérer sa colère en ouvrant la boîte dans le jardin ou devant la fenêtre…

Représentation interne de la colère : une autre possibilité consiste à « parler de cette colère » en lui posant des questions comme si c'était une chose extérieure à lui : « Comment est-elle ?… De quelle couleur ?… De quelle taille ?… Grande comme ça ?… Ou comme ça ?… Elle est dure ou molle ?… Où est-elle dans ton corps ?… Plutôt dans le ventre ? Dans les jambes ?… Est-elle ronde ?… Carrée ?… Est-ce qu'elle est chaude ?… »

Toutes les questions qui vous permettront d'en faire une image, une représentation aussi précise que possible. Il est important de poser ces questions lentement, en laissant vraiment votre enfant trouver les réponses (le style « Interrogatoire de police » n'amène en général aucune réponse).

Si, par exemple, la colère est une boule rouge dans le ventre, vous pouvez ensuite proposer de modifier cette représentation : « Tu voudrais la faire devenir de quelle couleur ?… Est-ce que tu peux la rétrécir ?… La placer devant toi, plutôt que dedans ?… » ou n'importe quelle autre transformation. À partir du moment où votre enfant peut en changer une caractéristique (couleur, forme, température, matière, poids), c'est qu'il a repris le contrôle ! Cela lui apprend qu'une émotion ne peut pas être plus forte que lui, cela lui apprend qu'il est maître de sa vie et de sa destinée. (Pas mal, non ?)

Récit d'une maman d'une petite fille de 5 ans :

Ma fille était très en colère parce que sa petite sœur de 3 ans avait cassé un jouet qu'elle aimait beaucoup.

« Je suis fâchée ! très fâchée ! me dit-elle en tapant des pieds.

— OK, ma chérie, tu es fâchée. Tu la sens où dans ton corps ta "fâcherie" ?

— Là ! [Elle me montre son ventre.]

— OK… ça fait mal ?

— Oui, très mal !

— C'est comme une grosse boule ou plutôt un carré ? [Je mime avec mes mains.]

— Une grosse, grosse boule !

— Et de quelle couleur, elle est, cette grosse, grosse boule ?

Y a pas de couleur !

— Mais s'il y en avait une, ce serait quoi ?

— Du noir !

— Ah, du noir… Et quelle couleur tu préférerais mettre à la place ?

— … du bleu ciel… [Elle sourit.]

— Très bien, du bleu ciel ! Alors maintenant qu'elle est en bleu ciel, est-ce qu'elle rétrécit ?

— Oui, elle devient comme une petite bille toute bleue.

— Très bien ! Et cette petite bille toute bleue, qu'est-ce que tu veux en faire ? La garder ou la faire glisser dans ta main ?

— La faire glisser dans ma main !

— Super, vas-y, fais-le !… Et maintenant on fait quoi ? Tu la lances en l'air ou tu la gardes ?

— Je la lance ! [Elle fait le geste.]

— Bravo !… Allez, viens, on va aller voir ce que fait le chat. »

Et son émotion avait complètement changé. Elle était fière d'avoir réussi à lancer sa bille imaginaire en l'air et n'était plus du tout fâchée.

Questionner la colère

Une fois que la colère est dissociée de l'enfant, le calme revient. Il y a l'émotion d'un côté, l'enfant de l'autre. Alors l'enfant peut retrouver ses esprits et on peut faire parler la colère comme si c'était une personne. Si on essaie de la faire parler avant la dissociation, l'émotion empêchera la communication de se faire. Il existe plusieurs façons de permettre à l'émotion de nous révéler ce qu'elle a à dire :

En se servant de la représentation : « Et cette boule rouge, de quoi a-t-elle besoin ?… Qu'est-ce qu'elle cherche à te dire ?… Ou à me dire ? »

Les marionnettes : pour les plus petits, on peut utiliser des marionnettes : une qui représente votre enfant et l'autre qui représente sa colère, et on les fait dialoguer.

Lui demander conseil : toujours dans l'idée de faire cette dissociation, on peut lui poser des questions en parlant à la troisième personne : « J'ai un enfant qui est en colère… Qu'est-ce que je peux faire pour lui ?… De quoi aurait-il besoin, à ton avis ?… Qu'est-ce qui l'empêche de… ?… Qu'est-ce qui lui permettrait de se calmer ?… Qu'est-ce qui l'aiderait à arrêter de pleurer ?… »

Vous serez surpris des réponses de vos enfants. Une émotion forte qui arrive comme ça, ça veut toujours dire quelque chose. Le tout est de savoir quoi ! Et pour ne pas tomber dans le piège des fausses interprétations, le mieux est encore de demander aux premiers intéressés.

J'ai expérimenté cette méthode avec ma fille aînée. Chaque fois que je lui demandais d'éteindre la télé, elle se mettait en colère (et moi aussi). Je croyais que c'était parce qu'elle voulait continuer à la regarder et j'ai découvert que je me trompais complètement… Après l'avoir dissociée de sa colère en lui faisant faire un dessin, elle m'a répondu que ce qui la mettait en colère, *c'était la façon dont je lui parlais quand je lui demandais d'éteindre.* Et je me suis rendu compte à ce moment-là que je lui parlais en effet de façon agressive, parce que j'anticipais un refus de sa part et qu'en plus je me sentais coupable de la laisser regarder trop longtemps la télé. Je parlementais avec moi-même pour lui laisser cinq minutes de plus et encore cinq minutes de plus, etc., ce qui me permettrait de finir mon travail sans être dérangée, mais une autre partie de moi me reprochait de ne pas assez m'occuper d'elle et de me servir de la télé comme baby-sitter. Et quand j'avais dépassé mon propre seuil de tolérance, je m'écriais, exaspérée : « Bon, tu éteins cette télé ou quoi ?! » J'étais en colère contre moi et je reportais ma colère contre elle. Alors depuis, je lui demande gentiment d'éteindre la télé en enlevant tout sentiment de culpabilité (car ça ne sert à rien, vous vous souvenez ?) et elle le fait. Bufflant, non ?

Certains enfants utilisent la colère comme moyen de communication principal. Ils n'envisagent pas la possibilité d'avoir d'autres émotions ou de s'exprimer différemment. Si c'est le cas chez vous, voici pour vous aider un podcast à faire écouter à votre enfant le soir avant de s'endormir ou à un moment calme dans la journée.

C'est l'histoire de Tornade, un cheval fougueux. Cette histoire est conçue pour permettre à votre enfant de trouver une autre façon de s'exprimer, une façon plus adaptée aux différentes situations qu'il peut rencontrer. La colère n'est pas mauvaise en soi, elle peut être très utile quand elle est bien utilisée, mais si on la sert à toutes les sauces, elle devient vite indigeste, non ?

Le podcast ci-dessous peut être écouté autant de fois que nécessaire. Ne forcez pas votre enfant, choisissez un moment où il est disponible.

Tornade. mp3

https://soundcloud.com/user-77415906/bande-son-tornade

La phrase stratégique pour parents pressés

Voici une phrase à prononcer en cas de crise de colère, qui est extrêmement efficace et qui contient seulement en quelques mots quasiment toutes les idées précédentes. Cette phrase utilise le principe de la thérapie stratégique, qui consiste à demander au patient de faire ce que justement on ne veut pas qu'il fasse. Par exemple, pour une personne qui n'arrive pas à respecter un régime, Georgio Nardonne, qui est l'inventeur de ce type de thérapie, va donner la prescription suivante : « Ne mangez pas de chocolat pendant une semaine comme vous l'avez décidé, et si vraiment vous ne pouvez pas vous empêcher de manger un carré, alors mangez cinq tablettes d'affilée. » Au lieu d'interdire le symptôme, on le prescrit. C'est redoutablement efficace, contrairement à ce qu'on pourrait penser au départ. Le cerveau humain, qui, comme vous le savez, est rempli de contradictions, obéit plus facilement à un ordre qu'on ne lui donne pas. C'est ce qu'on appelle une « prescription paradoxale ». Avez-vous remarqué que plus vous demandez à un enfant de se calmer, plus cela l'énerve ?

Appliqué aux enfants, ce type de prescription stratégique donne la phrase suivante[1] : « J'aimerais beaucoup que tu arrêtes de [te rouler par terre, crier, piétiner le sol...], mais si tu n'y arrives pas, fais-le quand même. »

Et vous terminez votre phrase avec un petit bisou sur le front ou, si vous ne pouvez pas vous approcher de votre enfant, avec un bisou envoyé par la main et vous vous éloignez avec les autres adultes en laissant l'enfant seul (s'il est en sécurité).

Cette technique permet en quelques secondes :

• D'exprimer votre besoin : que votre enfant arrête de hurler (parce que ça va bien quand même !).

1. Massimo Bartoletti, *L'Intervention stratégique avec les enfants en âge préscolaire,* Éditions Satas, 2017.

• De lui lancer le défi d'y arriver seul avec le « mais si tu n'y arrives pas », qui sous-entend : « Vas-tu y arriver ou non ? »

• De lui laisser la possibilité de continuer à hurler (sans que vous ayez à subir sa colère puisque vous vous éloignez, si ça peut lui faire plaisir…).

• De lui témoigner votre amour et votre soutien avec le petit bisou et la voix douce avec laquelle vous prononcez cette phrase : sans colère, sans émotion, calmement et même tendrement. (Si, c'est possible, c'est même amusant à faire, vous verrez !)

L'enfant, surpris, s'arrête, il ne comprend pas ce qu'on lui demande ou ce qu'on ne lui demande pas et cette légère confusion lui donne la possibilité de faire lui-même un autre choix ; d'autant que sans spectateur le numéro n'a plus aucun intérêt, non ?

Pour réussir cette technique, l'important est le ton de voix avec lequel vous allez prononcer cette phrase, et la façon nonchalante dont vous allez quitter la pièce. Ce n'est pas une punition, ce n'est pas une interdiction, vous lui redonnez la responsabilité de son émotion. Ce qui est un beau cadeau à lui faire, car c'est la sienne et elle lui appartient. Le fait de partir au lieu de lui demander de s'en aller joue un rôle important dans le mécanisme, c'est en quelque sorte la preuve que vous respectez son émotion puisque vous l'autorisez, et en même temps le signe qu'elle vous dérange puisque vous partez. Chacun est responsable de ses émotions et vous montrez l'exemple en veillant respectueusement à votre confort en vous éloignant.

La prescription paradoxale

C'est à l'âge de 14 ans que Milton Erickson, le père de l'hypnose moderne, a découvert par hasard l'efficacité de la prescription paradoxale. Il habitait dans une ferme et son père essayait depuis une bonne heure de faire rentrer son âne dans l'écurie. Il tirait de toutes ses forces sur la corde qui était attachée à son cou, mais plus il tirait et plus le baudet essayait de reculer. Il sollicita son fils pour l'aider en poussant la bête par-derrière, ce qu'ils firent quelques minutes. Le jeune Milton eut alors une idée. Il demanda à son père de s'écarter pour tenter autre chose. Mais son père lui répondit qu'il n'avait pas de temps à perdre avec des expériences, il fallait que l'âne rentre dans l'écurie, un point c'est tout ! Comme Milton insistait beaucoup, il le laissa finalement faire. Milton tira la queue du baudet vers l'arrière de toutes ses forces, comme s'il voulait le faire reculer, et l'âne s'élança à toute vitesse dans l'écurie, à la grande surprise du père de Milton. Ils refermèrent la porte derrière lui, bien contents d'avoir réussi à l'y faire rentrer.

On a tendance à faire toujours la même chose, même quand on voit que ça ne marche pas. On doit tous être un peu fous, car comme le disait Einstein : « Ce serait folie que de faire toujours la même chose en espérant un résultat différent. »

Deuxième partie

Établir de bonnes relations avec ses enfants

Établir une bonne ambiance dans la maison permet à tout le monde de se sentir plus à l'aise, plus apaisé et de meilleure humeur. Tous ces éléments favorisent la bonne entente générale et, grâce à un climat de confiance réciproque, les disputes, les cris et les pleurs deviennent de plus en plus rares. Voici les trois principes qui vous permettront d'améliorer vos relations avec vos enfants :

Principe n° 1 : communiquer votre amour

Principe n° 2 : éviter les phrases qui provoquent la colère

Principe n° 3 : répondre aux besoins de l'enfant

Principe n° 1 : vos enfants perçoivent-ils votre amour ?

Vous savez que vous aimez vos enfants, mais, eux, le savent-ils ?… Même si vous êtes du genre à le leur répéter à longueur de journée, ils peuvent très bien ne pas avoir capté le message. (Non, non, je ne les prends pas pour des abrutis, rassurez-vous.) Je m'explique.

Comme vous le savez, chaque être humain est unique (ne serait-ce que par ses empreintes digitales), et si nous sommes tous différents les uns des autres, c'est d'abord parce qu'on ne perçoit pas le monde de la même façon. « Chacun voit le monde de sa fenêtre », comme dit très justement ce proverbe. Et si on imagine réellement une maison avec plusieurs fenêtres, une donnant par exemple sur un jardin, l'autre sur une forêt et la troisième sur un garage, et que chacun se tient à « sa fenêtre », on ne sera pas étonné de constater qu'on ne voit pas les mêmes choses, qu'on n'entend pas les mêmes sons et il se peut aussi qu'on perçoive des odeurs différentes. C'est souvent à partir de ces perceptions différentes que naissent les conflits. Chacun est persuadé d'avoir raison, car il a vu, entendu ou senti quelque chose de précis et l'autre personne en face a la même certitude qui vient d'une perception différente et parfois même contradictoire. Quand on prend du recul (imaginez que vous montez dans un hélicoptère qui vous permet de voir cette maison d'en haut), on s'aperçoit que tout le monde a raison ou que tout le monde a tort, ce qui revient au même, n'est-ce pas ?

Il peut être utile, car on n'a pas toujours un hélicoptère à portée de main, de savoir qu'on a tous une fenêtre préférée, c'est-à-dire une façon de percevoir le monde qu'on va utiliser plus souvent qu'une autre, on appelle cela un « canal de perception préférentiel » (ça fait quand même plus sérieux qu'une « fenêtre préférée », non ?).

La perception du monde

Il y a trois principales façons de percevoir le monde : par les yeux (pour les visuels), par les oreilles (pour les auditifs), par le toucher, l'odorat et le goût (pour les kinesthésiques). Alors voici la question du jour : « Quel est le canal préférentiel de vos enfants ? » (Et quel est le vôtre, par la même occasion ?)

« À quoi ça sert, de se creuser la tête pour savoir ça ? » me direz-vous. Eh bien, en premier lieu, à mieux connaître votre enfant, ce qui vous permet de savoir comment agir pour qu'il perçoive votre amour. Si vous passez votre temps à *dire* à votre enfant *visuel* que vous l'aimez, il risque de ne pas l'entendre ; si vous prenez votre enfant *auditif* sans arrêt *dans les bras* sans prononcer un mot, ça ne lui fera ni chaud ni froid ; et si vous *regardez* votre enfant *kinesthésique* avec des yeux remplis d'amour sans le toucher, il ne sera pas rassuré pour un sou.

« Bon, alors j'ai qu'à lui *dire* que je l'aime, en le prenant dans *mes bras* et en le regardant dans *les yeux* ! »

Oui, c'est vrai que comme ça, vous êtes sûr de votre coup ! Mais le fait de mener l'enquête pour avoir la vraie réponse peut être vraiment utile, ça permet de gagner du temps et de viser juste. Car le canal privilégié ne sert pas seulement à communiquer son amour, il sert à communiquer tout court. Par exemple, si votre enfant ne vous écoute pas, vous pouvez essayer de lui écrire (ou dessiner pour les plus petits) vos instructions pour qu'il les voie (s'il est visuel) ou de le toucher en lui parlant (s'il est kinesthésique). Savoir quel est votre canal privilégié vous permettra de mieux comprendre vos réactions. Si vous êtes auditif, vous serez plutôt dérangé par les cris ou le bruit ; alors que si vous êtes visuel, ce sera plutôt le désordre qui vous tapera sur les nerfs ; et si vous êtes kinesthésique, vous aurez tendance à réclamer des bisous ou des câlins (peut-être un peu trop). Bref, le fait de savoir « qui fonctionne comment » rend la communication (et donc la relation) plus facile. Alors, voici quelques éléments qui vont faciliter votre enquête. Ces indications ne sont pas à prendre au pied de la lettre, il ne s'agit pas de classer vos enfants dans des catégories ou de leur coller des étiquettes réductrices. Nous fonctionnons tous selon les trois modes de perception, mais déterminer quel est celui qui est le plus souvent utilisé est bien utile.

Les visuels

L'enfant visuel attache de l'importance à son aspect extérieur, aime être bien habillé et coiffé pour aller à l'école. Ses gestes sont rapides, sa respiration est thoracique (haute). Il a une mémoire photographique ou apprend plus facilement en regardant faire. Il aime dessiner précisément avec des détails et des couleurs, il aime lire et écrire. Il indique tout ce qu'il voit en montrant du doigt ou en décrivant les choses selon son âge. Il a peu de contacts physiques.

Pour bien communiquer avec un visuel : regardez le bien dans les yeux quand vous lui parlez, donnez-lui la liberté de choisir ses vêtements ou accessoires, offrez-lui des images, lisez avec lui, écrivez-lui des mots. Ne lui dites pas : « On verra ça plus tard, maintenant écoute-moi ! » Dites-lui : « Je vois très bien ce que tu as » ou « Regarde ce que tu vas faire », ou encore « Montre-moi où tu as mal ».

Un adulte visuel aura tendance à employer ces mots-là : « C'est clair [flou, obscur, net]... », « C'est tout vu », « J'ai eu une peur bleue », « J'en ai vu de toutes les couleurs », « À première vue », « Tu te fais un film », « J'aime cette perspective », « Regarder l'horizon me permet de... », « Je vois les choses de cette façon »...

Un visuel aime les beaux endroits, prend rapidement des décisions car il voit la situation dans son ensemble, il choisit ses vêtements en préférant l'aspect au confort. Bref, vous VOYEZ ce que je veux dire ?

Les auditifs

Un enfant auditif a une voix claire et expressive. Il aime écouter et parler. Il est plus casanier que le visuel, puisqu'il n'a pas besoin d'explorer, de voir pour comprendre. Il est très sensible aux différentes tonalités des voix qui lui sont chères. Il penche souvent la tête sur le côté, comme s'il tendait l'oreille. Il pose beaucoup de questions. Il apprend facilement en écoutant (sans avoir besoin d'écrire).

Pour bien communiquer avec un auditif : passez du temps à l'écouter, parlez-lui, posez-lui des questions, faites-lui écouter de la musique ou faire du chant, expliquez-lui les choses avec des mots. Ne lui dites pas : « Regarde-moi dans les yeux quand je te parle. » (Sinon, il vous écoutera avec beaucoup moins d'attention.) Dites-lui : « Écoute bien ce que je vais te dire… » ou « J'aime parler avec toi » ou « Chante-moi une chanson ».

Un adulte auditif aura tendance à dire : « C'est bruyant [mélodieux, percutant]… », « J'entends ce que vous dites », « Ça résonne en moi », « Je suis tout ouïe »… Il ne remarque pas forcément l'apparence de son interlocuteur, mais s'intéresse à ce qu'il dit, il aime beaucoup parler au téléphone, écouter de la musique…

Bref, ça VOUS PARLE ?

Les kinesthésiques

Un enfant kinesthésique est sensible et très affectueux. Il parle lentement. Il aime le confort. Il gesticule beaucoup quand il parle. Il aime toucher à tout. Il peut pleurer facilement quand il n'arrive pas à utiliser les mots pour s'exprimer. Il aime le sport, les activités physiques. Il a beaucoup d'énergie et a du mal à rester tranquille. Il apprend en bougeant, en expérimentant, en étant en contact avec ses émotions. Il a beaucoup d'intuition et n'aime pas particulièrement lire ou écrire. Il apprend en faisant les choses physiquement. Le système scolaire n'a (malheureusement) pas été conçu pour lui (ce qui prouve une fois encore que les résultats scolaires n'ont rien à voir avec l'intelligence, mais peut-être le saviez-vous déjà ?).

Pour bien communiquer avec un kinesthésique : embrassez-le et faites-lui des câlins ! Faites du sport avec lui, de préférence à l'extérieur ; proposez-lui de toucher pour explorer, apprendre, mémoriser. Ne lui dites pas : « Mais tu ne peux pas rester tranquille ?! » (Non, il ne peut pas, justement.) Dites-lui : « Je ressens la même chose que toi » ou « Moi aussi, ça me touche » ou « Je sens que tu vas y arriver ».

Un adulte kinesthésique dira : « Je suis tendu », « J'ai la pression », « Je ne le sens pas », « Ça m'a touché », « Je pèse le pour et le contre », « J'en ai plein le dos », « J'ai les pieds sur terre », « Cette femme a la main sur le cœur », « Je suis à fleur de peau », « Il faut le caresser dans le sens du poil », « Je me suis régalé en faisant cela »...

Bref, vous SENTEZ bien maintenant quel est votre mode de perception privilégié ?

Attention ! Ce n'est pas parce qu'on est auditif qu'on n'aime pas les câlins. (Moi, j'en suis une et j'adore ça ! Mais j'aime aussi beaucoup qu'on me parle et qu'on m'écoute pour que je me sente aimée... Hé ! Vous m'écoutez là ou vous pensez à autre chose ?!).

Alors, si vous êtes auditif et que vous avez l'impression que votre enfant ne vous écoute jamais et gigote tout le temps (et qu'il est kinesthésique), essayez de lui parler pendant que vous vous baladez avec lui en lui tenant la main et vous serez étonné de l'attention qu'il portera à vos paroles (même s'il ne vous regarde pas du tout).

Une bonne dose d'observation vous permettra maintenant de repérer facilement quels sont les canaux préférentiels de vos enfants. Dès qu'on y prête attention, c'est un jeu d'enfants. Comme c'est plus difficile de se percevoir soi-même, voici un petit test qui vous aidera à découvrir quelle est votre « fenêtre préférée ».

Pour retrouver vos clés :

a) Vous regardez dans votre sac ?
b) Vous le secouez pour entendre le bruit des clés ?
c) Vous tâtez au fond avec votre main sans regarder ?

Ce qui vous fait le plus plaisir, c'est quand votre conjoint :

a) remarque votre nouvelle tenue (et l'apprécie)?
c) vous prend la main ?
b) vous dit qu'il apprécie votre conversation ?

Quand vous vous achetez un vêtement, l'important, c'est :

b) le côté pratique ?
a) le style ?
c) le confort ?
Euh… y a pas : d) le prix ?

Résultats :

Vous l'aurez sans doute deviné, maintenant que vous êtes un expert, voici le décodage :
a) Tendance visuelle.
b) Tendance auditive.
c) Tendance kinesthésique.

Petit exercice du soir

Voici un exercice très agréable à pratiquer dont vous pouvez maintenant comprendre pleinement le sens :

« Ce soir, avant que votre enfant n'aille au lit, mettez-vous dans un coin tranquille loin du bruit de la télévision ou d'autres personnes. Appelez votre enfant, regardez-le droit dans les yeux, prenez-lui affectueusement la tête et dites-lui plein d'amour : "Écoute-moi. Je veux que tu saches que quoi qu'il advienne, je t'aimerai toujours et que je croirai toujours en toi." Vous le sentirez frissonner dans vos bras et même s'il ne comprend pas votre geste sur le moment son esprit sera réjoui et dans les jours qui suivront vous remarquerez un changement dans son comportement[1]. »

Si vous avez plusieurs enfants, vous pouvez le faire soit en tenant tous vos enfants dans vos bras, soit un soir chacun. Et c'est une phrase que vous pouvez également vous dire à vous-même (en prescription trois fois par jour : matin, midi et soir pendant... toute la vie !).

Le langage non verbal et d'autres indices à récolter

Comment se sent mon enfant ? Si je parle d'enquête et d'indices, c'est que le boulot de parent est

1. Éric de la Parra Paz, extrait du livre *La PNL avec vos enfants*, Macro Éditions, 2015 (au fait, je vous recommande ce livre, il est top !).

souvent proche de celui d'un détective privé, enquêteur de talent ou autre héros de série policière. Quand notre bébé pleure, on doit faire preuve de pas mal de qualités d'observation, de déduction, d'intuition pour deviner la cause et pouvoir y remédier. Certains procèdent par élimination (ce n'est pas la couche, ni le rot, ni l'heure de la sieste... Ah ! il a faim !...), d'autres récoltent les indices (en reniflant les fesses, en touchant le front...), d'autres déploient des stratégies d'intervention sophistiquées (je le couche maintenant, comme ça, il fait sa sieste avant de manger et ne s'endormira pas en tétant, ensuite je le change entre les deux seins pour qu'il puisse faire son rot et puis je le...). On est ultra-méga-attentif à la moindre mimique (« Quand il plisse les yeux comme ça, c'est qu'il a soif »), à la moindre variation de couleur de son visage (« Il est en train de pousser, là »), au plus petit changement de température de ses mimines... Et puis, l'enfant grandit, il se met à parler et on oublie instantanément nos super-compétences en vision nocturne et autres radars ultra-puissants de détection tous azimuts.

Sans le savoir, pendant cette période, vous avez fait une formation accélérée et intensive en langage non verbal ! Et c'est super-important de continuer à utiliser cette compétence ensuite. Parfois il est utile de « couper le son » pour mieux voir ce que votre enfant exprime par son visage ou son attitude ; parfois il est nécessaire de « fermer les yeux pour mieux entendre » ce qui est dit par le ton de voix mais invisible par le contenu du discours ; ou encore de le toucher pour mieux sentir son état intérieur (corps moins tonique que d'habitude, mains froides, raideur dans les épaules...).

Quand ma fille aînée couve un rhume, elle a une légère pâleur sur les joues, ça me permet en général de commencer à la soigner ou de lui permettre de se reposer, et ça évite les complications. Quand elle est perturbée par quelque chose, sa voix se coince légèrement dans sa gorge et, même si elle dit que tout va bien, je sais qu'elle n'est pas tout à fait à l'aise.

Il est important aussi de prendre en compte notre propre langage non verbal. Si on fait une mine dégoûtée au moment de changer notre bébé (oui, ça arrive même aux meilleurs) et si on lui dit quelques années plus tard que son dessin est super-beau avec la même expression, il ne sera pas dupe. Un enfant est un super-décodeur de non-verbal. Il sait souvent à l'avance ce qu'on va dire ou ce qu'on pense seulement en nous regardant. (Donc, pas la peine d'essayer de leur mentir sur nos émotions, à moins de vouloir saper complètement leur confiance en nous.)

Parfois ma fille aînée me demande « Qu'est-ce que t'as ?... » avant même que je ne me sois rendu compte que je faisais la tête !

Savez-vous ce que votre enfant aime vraiment ? Savez-vous ce qui lui fait vraiment plaisir ?... Prenons l'exemple des cadeaux. On pourrait croire que tous les enfants aiment les cadeaux, mais en réalité certains enfants sont peu sensibles aux cadeaux et vont tout simplement ne pas jouer avec ou les casser rapidement. Et ils entendent ensuite : « Je t'ai acheté ce machin-chose super-cher ! Et tu n'en prends pas soin !… Tu ne joues même pas avec… et tu casses tout !… T'es vraiment un enfant gâté ! »

(D'ailleurs, quand on y réfléchit, comment peut-on reprocher à un enfant d'être trop gâté, alors que c'est nous qui les gâtons !?… On manque parfois cruellement de cohérence, non ?)

Si votre enfant vous offre tout le temps des dessins, des coloriages ou des bidules trouvés dans la cour de récréation, genre un vieil élastique rose cassé, avec un grand sourire, vous pouvez subodorer qu'il aime aussi en recevoir (des cadeaux, pas des trucs tout pourris).

J'ai découvert récemment que ma fille aînée adore quand je m'intéresse à ses petits bobos quotidiens. Il suffit de la phrase « Ah, tu as mal ici ? » pour la rendre heureuse (au moins pendant quelque temps…). Si, quand je vois que ce n'est rien, je ne m'en occupe pas du tout, elle le prend comme un très sévère manque d'intérêt et donc d'amour, voire comme une injure personnelle et ça peut ensuite dégénérer rapidement. « Je me suis fait hyper-mal et tu n'as même pas quitté ton livre des yeux ! » Alors que si je lui offre un cadeau pour lui faire plaisir, ça l'intéresse quelques minutes et puis elle passe à autre chose.

On croit les connaître mieux qu'on se connaît soi-même, mais enfilez donc votre imper de Columbo et vos lunettes infrarouges et vous serez étonné de vos découvertes !

Exercice n° 2
Pour mieux connaître mes enfants

Notez maintenant sur le tableau page suivante et pour chacun de vos enfants toutes les informations qui vous semblent importantes à répertorier.

Ce que je sais de mes enfants

Prénoms	....	....	....
Canal de perception (visuel/ auditif/ kinesthésique)			
Ce qu'il préfère manger			
Son jeu préféré et/ou jouet préféré			
Ce qui le fait rire			
Son dessin animé, livre et/ou héros préféré			
Ses signes de fatigue			
Sa façon de manifester la joie, le bien-être			
Premiers signes avant qu'il se mette en colère			
Ce qui le contrarie, l'énerve systématiquement			
Ce que j'admire chez lui	– – –	– – –	– – –
Autre chose qui me semble importante			

L'amour inconditionnel

L'idée est que votre enfant puisse sentir votre amour, même quand vous lui dites « non », même quand vous n'êtes pas d'accord avec ce qu'il dit ou ce qu'il fait, même quand vous n'êtes pas là. Tout le temps, en fait. Il ne doit avoir aucun doute là-dessus. Il doit pouvoir l'emporter partout avec lui comme une lumière chaude au creux de son ventre. C'est ce qu'on appelle l'« amour inconditionnel » et qui peut se résumer par la phrase : « Je t'aime parce que c'est toi. »

C'est pour cette raison que le chantage est une pratique qui nuit grandement à la relation : « Si tu finis tes épinards, tu auras un dessert », « Si tu as une bonne note, tu pourras sortir », « Si tu ne te laves pas les dents, tu ne pourras pas regarder de dessin animé ». Cela donne l'impression à l'enfant qu'on l'aime à condition qu'il fasse ceci ou cela, ou à condition qu'il ne fasse pas ceci ou cela. Le « si… alors » est l'inverse de l'amour inconditionnel. Et si l'enfant n'arrive pas à faire ce qu'on lui demande, il pense alors ne pas mériter notre amour. L'enfant étant notre miroir, il peut aussi subordonner son amour aux cadeaux qu'on peut lui faire, aux autorisations qu'on peut lui donner : « T'es trop sympa maman de me donner…, je t'aime ! » Et là, c'est le début de la fin !

On peut avantageusement remplacer le « si… alors… » par le « dès que… ».

« Dès que tu seras habillé, on ira au parc. »

« Dès que tu seras prêt à dormir, je te lirai une histoire. »

La différence est subtile, mais entretenir une bonne relation est un travail subtil, n'est-ce pas ? En employant le « dès que… », vous donnez les commandes à votre enfant, c'est lui qui choisit de faire les choses tout en sachant ce que cela implique. Il n'y a pas de notion de récompense ou de punition, mais une proposition, une incitation respectueuse qui sera beaucoup plus facilement acceptée. Et surtout, vous ne mettrez plus votre amour sous condition. Votre enfant, persuadé d'être aimé, sera naturellement beaucoup plus coopératif et le chantage et les récompenses deviennent alors inutiles.

Un autre moyen de remplacer le « si… alors… » est de prendre un peu plus le temps pour expliquer pourquoi votre enfant doit faire cette chose maintenant. Un enfant qui comprend pourquoi il doit se mettre en action sera beaucoup plus motivé qu'un enfant à qui on ordonne d'obéir sans explication. C'est une règle qui fonctionne aussi pour les adultes.

L'expérience de la photocopieuse

Ellen Jane Langer, professeur de psychologie à l'université de Harvard, a mis au point une expérience devenue célèbre qui met en avant l'importance de l'expression « parce que ». L'expérience consistait à demander à des personnes qui faisaient la queue devant une photocopieuse de laisser passer une personne. Plusieurs formulations ont été testées :

1. « Excusez-moi, j'ai 20 photocopies à faire. Puis-je utiliser la photocopieuse ? » 60 % des gens ont accepté.

2. « Excusez-moi, j'ai 20 photocopies à faire. Puis-je utiliser la photocopieuse parce que je suis pressé ? » 94 % des gens ont accepté.

3. « Excusez-moi, j'ai 20 photocopies à faire. Puis-je utiliser la photocopieuse parce que je dois faire des photocopies ? » 93 % des gens ont accepté.

Cette expérience montre que c'est le mot « parce que » qui incite la personne à dire « oui ». Si on lui fournit une explication, même si elle n'a aucune valeur, cela suffit pour emporter l'adhésion.

De même, si on dit à un enfant « Prends ta douche ! » et qu'il refuse, on peut lui dire : « Prends une douche parce que tu as besoin de rincer le chlore de la piscine. » Dans plus de 90 % des cas, ce sera beaucoup mieux perçu. Pas besoin d'entrer dans des explications métaphysiques longues et rébarbatives, une simple phrase qui montre votre volonté de le faire participer à la décision est suffisante.

Le seul « parce que » à éviter avec un enfant est le fameux « parce que je te le demande ! » d'un ton de voix exaspéré, qui perd du coup son pouvoir magique de persuasion. Il ne vous viendrait pas à l'idée pour doubler la file à la photocopieuse de hurler votre justification à votre interlocuteur, si ? Pour tester si votre « parce que » aura l'effet escompté, imaginez que vous êtes la personne à qui on adresse cette phrase et vous saurez tout de suite si la formulation est la bonne !

Principe n° 2 : les phrases qui provoquent la colère

« D'où nous vient cette idée folle que pour qu'un enfant se conduise mieux il faut d'abord qu'il se sente dévalorisé ? »

Jane Nelsen, *La Discipline positive*

Voici la liste des comportements ou façons de répondre qu'on adopte habituellement face à nos enfants et leurs conséquences. Le but de ce récapitulatif n'est pas de vous faire culpabiliser (d'ailleurs, maintenant, vous avez complètement laissé tomber la culpabilité, non ?). Savoir précisément ce que ressent l'enfant face à telle ou telle attitude, savoir la différence entre le message émis et le message perçu vous permettra d'éviter ces réactions automatiques qui sont souvent source de crises de colère (de part et d'autre).

Les étiquettes et surnoms

Il est courant de donner des surnoms imagés à nos enfants. Ce sont pourtant souvent des injures déguisées qui entachent à chaque répétition l'estime de soi de notre enfant. Autant éliminer tout de suite cette pratique barbare ! Si vous avez du mal à dire son prénom en entier, préférez les « mon chéri » ou « mon trésor » à « ma crevette », « mon petit pou », « chouineur » ou « pot de colle ». (Et c'est important dès le plus jeune âge, les bébés comprennent beaucoup plus de choses que ce que l'on pourrait croire.) Ces étiquettes touchent en effet à l'identité de la personne alors qu'elles décrivent au départ seulement un comportement. On peut pleurer sans être un pleurnicheur, on peut se défendre sans être bagarreur, on peut faire un tas de choses différentes en restant soi-même. Résumer une personne à un seul de ses comportements est extrêmement réducteur et destructeur. Car l'enfant, toujours en recherche de son identité (comme nous tous), fera tout pour répondre à cette étiquette qu'on lui aura collée sur la tête, de peur de cesser d'exister à nos yeux.

Et c'est vrai aussi pour les adultes, se coller une étiquette, un « je suis » négatif, peut être très dangereux. Quand on dit « Je suis alcoolique » au lieu de « Je bois tous les soirs » (attention, ce n'est pas de moi qu'il s'agit, hein, c'est un exemple), eh bien, ensuite, ce sera d'autant plus dur d'arrêter, car ça voudrait dire qu'on n'est plus alcoolique, et du coup, on est quoi ?... On perd notre identité (alors qu'en vrai, il s'agit seulement d'un comportement, vous me suivez, là ?). De même si on se définit comme étant (seulement) « une mère au foyer », le jour où nos enfants partent de la maison, on se retrouve sans identité. On n'est plus rien ! Et c'est comme ça qu'on commence à déprimer. On croit que c'est l'absence des enfants qui fait mal, alors que ce n'est que l'idée (inconsciente) qu'on n'existe plus puisqu'on est devenue inutile. (Ce qui est complètement faux, bien sûr.)

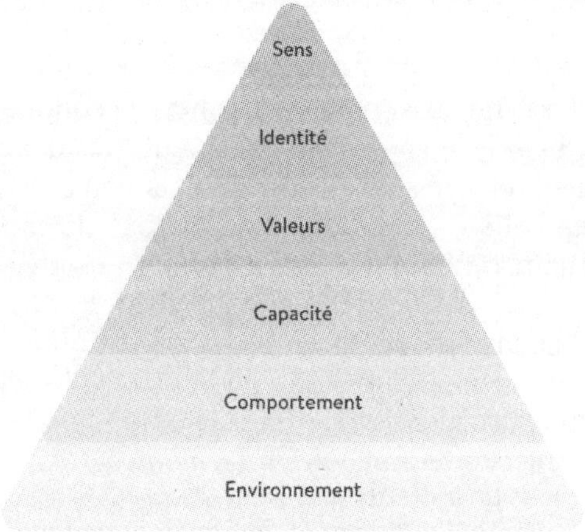

Voici la pyramide des niveaux logiques mise au point par Robert Dilts (un grand nom de la PNL), qui aide à bien visualiser la différence entre un comportement (ce que je fais) et mon identité (qui je suis). Notre identité détermine nos valeurs, nos capacités, nos comportements et pas l'inverse. Résumer l'identité d'une personne à un comportement est aussi absurde que de dire : « Ah oui, je vois quel genre de personne c'est, elle a raté son créneau ! »

Un enfant étiqueté « Capricieux » va avoir tendance à faire de plus en plus de crises pour exister de plus en plus, car c'est le rôle d'un enfant de grandir et de faire grandir tout ce qui constitue son identité. Car ils sont beaucoup plus obéissants qu'on pourrait le croire, ces bougres !

« Je ne suis pas ce que je fais », « Il/elle n'est pas ce qu'il/ elle fait » sont des phrases à accrocher en haut de votre cheminée (si vous en avez une) ou en haut de votre réfrigérateur (car vous en avez un, dites ?).

Les généralisations

Dans le même genre d'idées, les généralisations nous enferment dans des cases (en nous aplatissant au passage et ça fait bobo). Dès que vous employez une phrase avec « tout », « jamais », « toujours », « tout le temps », « chaque fois »… vous pouvez être sûr que vous êtes en plein dedans !

« Tu ne ranges jamais ta chambre. »

« Elle est toujours en train de se plaindre. »

« Tu ne manges jamais rien. »

« Il embête tout le temps sa sœur. »

Et pourquoi est-ce dangereux de dire ça ? me direz-vous. Ils ne rangent jamais leurs chambres, ces petits morveux !

Eh bien, tout simplement parce que c'est faux. Il embête toujours sa sœur ?… Vraiment ?… tout le temps ?… Vous êtes sûr ?… Il ne va pas à l'école de temps en temps ?… Il ne dort jamais ?… Il ne fait vraiment rien d'autre ?… Peut-être que c'est trop souvent pour vous, mais dire « toujours », c'est faux, c'est un mensonge (et c'est pas bien de mentir, n'est-ce-pas ?). Et comme c'est faux, ça place l'enfant dans un sentiment d'inconfort terrible : mélange d'incompréhension et d'impuissance, le cocktail détonant. Vous avez d'ailleurs dû remarquer que ce genre de phrase ne résout rien, ne change rien, ne modifie rien, sauf peut-être l'ambiance, qui devient de plus en plus lourde avec les crises de colère qui se multiplient. Et le pire, c'est que plus on emploie ce type de phrase et plus nos enfants le font aussi.

« Tu ne joues jamais avec moi ! »

« Tu me dis toujours non ! »

« Tu ne m'achètes jamais rien ! »

Alors si vous ne voulez pas que votre enfant exagère, montrez-lui donc le bon exemple. (Plus facile à dire qu'à faire, non ?)

Quand on dit « non »

Il est courant d'entendre que l'enfant entre à partir de 18 mois dans l'« âge du non » et que c'est une étape indispensable à son développement ou qu'à partir de 2 ans commence le fameux *terrible two*. Je n'ai jamais été très fan de cette théorie. Si on y réfléchit d'un peu plus près, c'est à cet âge-là précisément qu'on passe toute notre journée à lui interdire à peu près tout ce qu'il tente de faire : « Non, ne monte pas sur ce meuble », « Non, ne touche pas à ça », « Non, ne mets pas ça dans ta bouche »…

L'enfant expérimente, essaie, découvre et 90 % de ses tentatives sont systématiquement stoppées dans leur élan par ces trois lettres : NON !

Avez-vous déjà entendu parler des neurones miroirs ? C'est une découverte scientifique qui date des années 1990 : les neurones miroirs sont ceux qui permettent l'apprentissage par imitation. Et c'est parce qu'on le sait (sans le savoir) qu'on ouvre la bouche quand on donne à manger à la petite cuillère à nos enfants. Automatiquement, ils ouvrent la bouche en nous voyant faire.

L'enfant qui entend « non » à longueur de journée sera bien sûr plus disposé à nous dire « non » à son tour, en exprimant par là son désir d'apprendre, d'imiter, de faire comme… les personnes qu'il aime. Et plus on sera fâché en le disant, plus l'enfant le sera aussi dans son imitation. Ce ne sont pas « des crises », mais seulement une imitation parfaite de notre expression verbale et non verbale que notre enfant passe toutes ses journées à étudier avec application.

Alors, comment dire « non » sans dire « non » ?

J'ai cherché longtemps une formule qui n'induise pas quelque chose de négatif. Car, répétée un certain nombre de fois par jour, une phrase peut avoir un effet « hypnotique » et faire naître des croyances (très limitantes) pour de nombreuses années.

« Non, c'est dangereux ! » donne l'idée qu'il faut avoir peur de tout.

« Non, c'est sale » suggère d'être dégoûté de tout.

« Non, tu ne peux pas faire ça » devient à l'âge adulte le « Je ne vais pas y arriver » face à n'importe quelle difficulté de la vie.

« Non, tu es trop petit » donne l'idée qu'on est impuissant face aux choses, aux autres, au monde…

« Non, tu n'as pas le droit » donne la croyance qu'on ne peut même pas essayer, la route est bouchée… et le cerveau extrapole ensuite l'idée jusqu'à nous faire croire qu'on n'a pas le droit d'être heureux, pas le droit de se faire plaisir, pas le droit d'être riches, pas le droit d'être détendus, pas le droit de… On a tous des « pas le droit » gravés au fond de nous qui nous limitent tous les jours. (Mais on peut les enlever, maintenant qu'on est grands !)

Alors voici quelques autres solutions, au choix (et vous pouvez bien sûr inventer la vôtre !) :

« Tu pourras le faire quand tu seras plus grand », qui renforce l'espoir.

« Évite de faire ceci… fais plutôt cela » : il n'y a pas de jugement de valeur et une redirection de l'attention sur ce qui est possible.

« Cesse de faire cela… et commence à faire comme ça » : il n'y a pas d'interdiction mais une proposition d'apprentissage.

Quelles limites poser ?

On entend partout qu'il faut poser des limites, des cadres, qu'il faut être ferme. OK. Mais si ces limites ne sont pas comprises, elles n'aident pas l'enfant à grandir, bien au contraire.

En tant qu'adulte, savez-vous que nos seules vraies limites sont celles que l'on se pose (soi-même)?… Et ces limites sont souvent celles qu'on a héritées de nos parents. Les parents veulent protéger leurs enfants, mais les enfants entendent ces limites comme des vérités absolues et définitives. La phrase « Non, ce n'est pas possible pour toi » que l'on répète à l'enfant de 3 ans se transforme, une fois qu'il est devenu adulte, en dialogue interne : « Ce n'est pas possible pour moi. » Ce n'est pas possible pour moi de trouver un travail, ce n'est pas possible pour moi d'être heureux en couple, ce n'est pas possible pour moi de m'endormir…

Si l'on veut réduire au minimum le nombre de choses que l'on interdit à ses enfants, il n'en reste plus que deux :

- se faire mal
- faire mal aux autres

Quand on explique à un enfant qu'on lui interdit ceci ou cela pour une de ces deux raisons, il lui est plus facile de comprendre que ces interdictions ne sont pas des limites mais des protections. C'est le moment d'utiliser le fameux « parce que » très persuasif.

Je pense qu'on peut faire entrer dans ces deux catégories toutes les interdictions de l'enfance et de l'adolescence (et de l'âge adulte aussi, d'ailleurs). Et on aurait même pu tout regrouper dans la première, car faire mal aux autres, c'est aussi se faire mal à soi-même, non ?

Ne pas dire « mais »

Mais pourquoi donc ? Saviez-vous que le mot « mais » est un « grand annulateur » ? Tout ce qui a été dit avant « mais » est automatiquement effacé/rejeté par le cerveau de notre interlocuteur comme étant faux.

Alors imaginez un peu l'effet d'une phrase comme « Je t'aime, MAIS je voudrais que tu ranges ta chambre. » ou encore « Je comprends ce que tu ressens, MAIS je voudrais que tu arrêtes de pleurer… »

On emploie très souvent ce mot sans s'en rendre compte, et même quand on y fait attention, c'est assez difficile de s'en défaire. Le plus simple est de le remplacer par « ET » ou par « MAINTENANT ». Mais, vous verrez, il faut un peu d'entraînement.

(Oh mince, je l'ai dit ! Vous aviez remarqué ?… Donc, je reprends : ET maintenant, il faut un peu d'entraînement !)

La négation, une suggestion déguisée

Il en est de même pour la négation dont le cerveau ne tient pas compte. Un enfant à qui on dit : « Ne tombe pas ! » entend : « Tombe ! »

Et c'est aussi vrai pour les adultes. À quoi pensez-vous, quand vous lisez « Ne pensez pas à un singe vert » ?

Pour comprendre ce dont on parle, le cerveau humain a besoin de passer par la version positive de la phrase. On ne peut pas concevoir une « non-chose ». Par contre on peut imaginer un singe vert et ensuite changer sa couleur ou barrer l'image de ce singe bizarre.

Sachant cela, c'est plus facile de comprendre pourquoi des phrases comme celles-ci n'ont aucun effet positif : « Je te fais confiance, mais ne lâche pas la rampe de l'escalier. »

Et si vous ajoutez ce qu'on appelle en hypnose une « suggestion directe », comme par exemple « … sinon, tu vas tomber ! », l'effet est garanti : l'enfant lâche la rampe et tombe.

Et là, cerise sur le gâteau : « Ah, tu vois, je te l'avais bien dit ! » En effet, vous l'aviez bien dit et c'est justement cela qui a provoqué la chute !

Ainsi, on se rend compte qu'on passe notre temps à donner des suggestions négatives à nos enfants : « Ne pleure pas… », « N'aie pas peur… », « Ne cours pas… », « Ne touche pas à ça… »

Et dire qu'ensuite, on se plaint que nos enfants ne nous « écoutent » pas ! Ils nous écoutent trop bien, en fait.

Alors, je suis sûre que vous avez tout compris, *mais* je vous le répète encore une fois : ne dites pas « mais » et n'employez pas de négation, si vous voulez améliorer votre communication avec votre enfant et éviter qu'il se sente incompris ou frustré. (Oh, zut… il semblerait que je n'ai pas tout à fait fini mon entraînement, moi !)

Exercice n° 3
Les phrases à modifier

Quelles sont les phrases que vous dites souvent et par quoi pourriez-vous les remplacer maintenant que vous savez ce que vous savez ?

....

je remplace par : ....

....

je remplace par : ....

....

je remplace par : ....

....

je remplace par : ....

....

je remplace par : ....

....

je remplace par : ....

....

Principe n° 3 : les besoins de l'enfant

« Accepter que les enfants ne se conduisent pas vraiment mal ne signifie nullement que les adultes acceptent tout ce qu'ils feront. L'enfant ne se conduit pas mal et il n'est pas mauvais. Il n'essaie pas de faire quelque chose à l'adulte, mais plutôt pour lui-même[1]. »

Thomas Gordon

Les caprices n'existent pas

On ne dit jamais : « Tiens, aujourd'hui, j'ai fait un caprice. » On emploie ce mot uniquement pour parler des autres, surtout quand ils nous tapent sur les nerfs. Le sous-texte est : « Ce gosse m'énerve, j'en peux plus ! » Dire à quelqu'un qu'il est comme ci ou comme ça, quand c'est négatif, ça n'a en général pas beaucoup d'effet positif, vous avez remarqué ?… Et pourtant on continue à le faire. Ça me rappelle la fameuse histoire de l'homme qui cherchait ses clés de voiture sous le réverbère. Un gendarme s'approche et lui demande :

« Qu'est-ce que vous cherchez ?

— Mes clés de voiture !

1. *Éduquer sans punir. Apprendre l'autodiscipline aux enfants*, Poche Marabout, 2013.

— C'est là que vous les avez fait tomber ?
— Non, mais c'est là qu'il y a la lumière ! »

Le dictionnaire définit un caprice comme un « désir irréfléchi et passager ».

Alors si on s'y attarde un moment, il y a trois mots dans cette définition :

- Un désir. OK, il s'agit d'un désir.

- Irréfléchi : si on demande à l'enfant, il pourra sans doute trouver plein de justifications à son attitude. Celui qui dit « C'est un caprice » n'en comprend donc pas les motivations puisqu'il le trouve « irréfléchi ». Un caprice serait-il donc un comportement sur lequel on colle une étiquette, histoire d'avoir l'air de gérer la situation ?

- Passager : l'enfant qui fait un caprice, puisqu'il est passager, va donc rapidement se plier à la volonté de ses parents de ne pas réaliser son désir (si ce n'est pas passager, c'est donc que c'est autre chose qu'un caprice, non ?).

Alors, c'est quoi au juste, un caprice ?... Un désir exprimé et non satisfait ? Si c'est ça, j'en fais tout le temps, moi, des caprices : « Je veux que tu arrêtes de pleurer » (exprimé et non satisfait), « Je veux que tu t'endormes » (exprimé et non satisfait)... Et vous, vous faites des caprices ?

Un caprice est un comportement que l'adulte ne comprend pas, alors il le nomme « caprice ». L'enfant ne dispose pas du vocabulaire suffisant, ni d'une connaissance intime des différentes émotions humaines, pas plus que de celle du fonctionnement de son cerveau, alors il a souvent du mal à nous dire clairement ce dont il est question, ce dont il a véritablement besoin, car la plupart du temps il l'ignore lui-même.

Et c'est là que revêtir l'imper de Columbo devient vraiment utile pour dénicher ce qui se cache derrière ces « prétendus » mauvais comportements, car souvent le bougre nous lance sur de fausses pistes : « Je veuuuuuuuuuuuux ce bonbon bleu maintenaannnnnnn nnnnt!!!!!!!!!!!!!!!!!!!!!»

À partir du moment où l'on pense que l'enfant agit contre nous, la communication est rompue et tout ce que vous avez appris au chapitre précédent part aux oubliettes ! Comme le dit Thomas Gordon, il exprime quelque chose pour lui et non pas contre nous, et c'est à nous, en tant que parents, de trouver ce que ça peut bien être (parce que c'est plus difficile [impossible] pour lui vu qu'il est plus petit que nous, on est bien d'accord là-dessus, hein, dites ?).

Les besoins de l'enfant

Pour simplifier les choses, j'ai classé les besoins des enfants (mais on aurait pu dire aussi des humains) en quatre catégories : les besoins physiologiques, le besoin de relation, le besoin de pouvoir et le besoin d'identité. Il existe toutes sortes de classements différents, peu importe en fait, l'important est de bien les reconnaître comme étant des besoins (et non pas des désirs, envies, caprices, coups de tête...). Un désir n'a pas à être satisfait (systématiquement), un besoin si ! La question est souvent : quel est le besoin qui se cache derrière ce désir ? Car, parfois, en satisfaisant un désir, on ne comble pas le besoin (rassurez-vous, en vrai, c'est plus simple que ça en a l'air).

Besoins physiologiques

Tout d'abord, comme vous le savez, il y a les besoins du corps, plus l'enfant est petit, plus il est dépendant de nous pour la faim, la soif, le chaud, le froid, l'élimination, le sommeil...

Un enfant qui fait « une crise » est très souvent un enfant fatigué, trop longue journée, trop d'activités, trop de stimulations, trop d'écrans... À son entrée au CP, ma fille s'est couchée une heure plus tôt qu'avant et ça a considérablement augmenté sa bonne humeur matinale (si vous voyez ce que je veux dire). Quitte à avancer l'heure du dîner ou à faire manger les enfants avant, c'est vraiment, vraiment utile qu'ils soient au lit bien, bien avant les parents (ne serait-ce que pour avoir des soirées tranquilles, non mais !). Quand on est dans l'« évitement du coucher », ça a tendance à empirer les choses : pas de soirée tranquille et pas de matinée tranquille non plus... l'enfant est tout le temps fatigué (et ses parents aussi).

Quand l'enfant est plus grand, il est important de le laisser décider de ce qui est bon pour son corps. On a toujours tendance à croire qu'ils vont avoir froid, qu'ils n'ont pas assez mangé… alors que s'ils sont encouragés à sentir eux-mêmes ce dont ils ont besoin, ces repères leur serviront toute leur vie. Les enfants savent en général très bien identifier leur faim et c'est souvent par peur qu'on dérègle leur appétit, le fameux « finis ton assiette » est le meilleur moyen de déséquilibrer son alimentation d'adulte, de créer un mauvais rapport à la nourriture, c'est-à-dire avec un de ses besoins vitaux (quand même). Beaucoup de personnes qui viennent à mon cabinet d'hypnose pour des problèmes de poids me disent qu'elles continuent (malgré elles) à obéir à cette injonction « finis ton assiette », même quand elles ont tout à fait conscience d'avoir déjà trop mangé ! Alors pour corriger le tir avant qu'il ne soit trop tard, voici la liste des 10 phrases avec lesquelles on pousse nos enfants vers l'obésité :

1. On ne jette pas la nourriture !

Aujourd'hui, dans notre société moderne, il est entendu qu'on a le droit de jeter son téléphone, son mec, ses amis, ses parents… mais pas le reste de ses pâtes ?!

2. Il y a des enfants qui meurent de faim dans le monde !

Et le fait de me bourrer l'estomac va les soulager ?… Ah, pardon, je savais pas !… Promis, je mange tout et mon assiette avec !

3. Quand j'étais petit, je ne mangeais pas à ma faim.

Et vous avez l'intention de le faire payer à vos enfants ?… Et comme on a eu trop chaud cet été, on ne mettra pas de blouson cet hiver ?

4. Mange, parce que je l'ai préparé pour toi.

Un bon moyen de faire culpabiliser l'enfant. Eh oui, une bonne habitude, ça se partage, quand on se sent coupable, on ne peut pas s'empêcher de faire culpabiliser les autres ! On a hérité de la culpabilité de nos parents, alors à notre tour de la léguer à nos enfants !

5. Finis ton assiette pour me faire plaisir.

Très efficace pour brouiller les cartes des sensations et remplacer la faim (qui est un besoin) par la notion de plaisir (de l'autre). J'apprends que le plaisir de l'autre est plus important que la préservation de ma santé. Aïe, aïe, aïe…

6. Ton petit frère a tout fini, lui.

La comparaison négative – sans commentaire.

7. Mange pour bien grandir.

Voici ce que répond une diététicienne de l'hôpital Necker : « Pesez-le, mesurez-le. Si les courbes poids et taille de son carnet de santé progressent régulièrement, pas d'affolement. Vous constaterez que son apport calorique journalier est suffisant. »

8. Quand l'appétit va, tout va.

C'est vrai que ceux qui souffrent d'obésité morbide sont méga en forme.

9. Termine ta viande, si tu veux aller jouer.

La nourriture comme monnaie de marchandage, tiens, pourquoi pas ? Attendez, j'ai mieux : « Et si tu piques encore une colère, tu seras privé de sommeil ! Pas de dodo pendant trois jours ! »

10. Si tu es sage, tu auras du gâteau.

La nourriture présentée comme récompense ultime, ce qui donne ensuite : « Dès que ça ne va pas, à la moindre contrariété, je mange du chocolat, des hamburgers, des chips… Oh non, plutôt des gâteaux, ça me rappelle quand j'étais petit, allez, une cinquième part, pour la route… »

Faites-vous partic de ces parents qui s'imaginent sans cesse que leurs enfants ne mangent pas assez ? Je dois dire que j'ai fait partie du lot, ma fille ayant un « tout petit appétit ». Je cherchais sans cesse des nouvelles idées de recettes ou d'aliments à lui proposer et j'étais désespérée de voir que rien ne lui plaisait. Après plusieurs années, j'ai fini par observer qu'elle régulait elle-même son alimentation en mangeant (très) peu un jour et (beaucoup) plus le lendemain (pas rapide, rapide, la maman). Forcer un enfant à manger est le meilleur moyen de dérégler sa capacité à satisfaire un de ses besoins physiologiques qu'il aura beaucoup de mal ensuite à régler à nouveau correctement.

Besoin d'être en relation (besoin d'appartenance)

Certains appellent ce besoin le « besoin d'appartenance », mais je trouve que le terme n'est pas très explicite. Il s'agit simplement du besoin de partager du temps et des émotions avec quelqu'un d'autre.

1. Comment le reconnaître

Il peut se manifester par des demandes d'attention répétées : « Maman, tu me regardes !... », « Papa, tu joues avec moi ? »... Ou quand c'est plus inconscient : « Maman, où est mon pull ? », « Papa, t'as pas vu mon camion ? »... Questions répétitives, demandes nombreuses et rapprochées...

2. Pour le combler

Comme pour presque tous les conseils de ce livre, la meilleure méthode pour combler ce besoin pourrait se résumer à « perdre du temps maintenant pour en gagner ensuite ».

Passez du temps avec votre enfant chaque jour. Certains conseillent « dix minutes par jour et par enfant », mais l'amour se marie mal avec un chronomètre, non ? Leur offrir du temps qui leur est entièrement consacré, de préférence en utilisant le langage de leur canal préférentiel, est un bon principe à retenir. Ces quelques minutes vous apporteront beaucoup de tranquillité ensuite (ou vous feront perdre beaucoup de temps à régler divers conflits si vous décidez de ne pas les consacrer à votre enfant).

Il ne s'agit pas forcément de faire un truc qui vous ennuie, comme de jouer aux petites voitures (encore que ça peut être drôle), mais de trouver un moyen de communiquer de façon vraiment sincère et profonde avec votre enfant :

• en lui parlant ou en l'écoutant (avec toute votre attention : impossible à faire en suivant votre fil Twitter ou en surfant sur Facebook)

• en lui donnant un bain et en jouant avec lui (sans vous préoccuper d'autre chose)

• en regardant avec lui son programme préféré, en jouant à un jeu vidéo, en lisant un livre à deux…

• en lui proposant de vous aider à préparer le repas (sans être pressé par quoi que ce soit)

• en faisant un gâteau (et en lui laissant faire le plus de choses possible)

• en se baladant

• en faisant du sport (même de la gym d'appartement)

• en l'aidant à ranger sa chambre ou son bureau

• en coloriant des mandalas (et en plus ça réduit le stress !)

• en se brossant les dents ensemble ou en faisant un shampoing (anti-poux ? oui, ça n'arrive pas qu'aux autres)

• en plantant des fleurs, des tomates…

• en l'accompagnant à l'école, à la danse, au judo…

En fait, n'importe quoi, à partir du moment où l'on prend notre temps et où toute notre attention est dirigée vers notre enfant.

Pris par le temps ou par la routine du quotidien, on s'imagine que nos enfants sont là pour toute la vie et parfois (souvent) on aurait plutôt envie d'être un peu tranquilles ! Difficile de créer, dans du 7/7, 24/24, 365/365, un moment inattendu ou suspendu. On a souvent des emplois du temps de ministre même quand on n'en est pas un (vous êtes ministre, vous ?), et prendre une demi-heure pour que le petit dernier coupe les courgettes en petits morceaux ne nous paraît pas très rentable niveau « temps passé/résultat obtenu ». Et pourtant !…

Certains défenseurs de la parentalité positive parlent de « réservoirs affectifs[1]» à remplir. Et si on ne les remplit pas correctement, l'enfant se sent rejeté, abandonné ou, tout simplement, pas aimé. Mais vous verrez (et vous avez certainement déjà vu, d'ailleurs) que l'échange dans ces moments est tellement riche et intense qu'il « remplit » le réservoir des deux côtés ! Et c'est aussi grâce à cela qu'on peut trouver ensuite la force de chercher des solutions avec patience et bienveillance.

L'autre avantage de ce « temps passé » est qu'il nous permet de complètement déconnecter de notre vie d'adulte. Si on a un boulot prenant et qu'on a tendance à se prendre au sérieux (parce qu'on est des adultes, non ?) et à vivre à toute allure, passer un quart d'heure à éclater des bulles de savon peut être particulièrement régénérant et souvent plus efficace qu'un massage en institut.

1. Isabelle Filliozat, *Au cœur des émotions de l'enfant*, Poche Marabout, 2013.

Exercice n° 4
Du temps passé ensemble

Pour trouver au moins cinq façons différentes de passer du temps avec votre ou vos enfants juste pour le plaisir d'être ensemble, remplissez ce tableau en pensant à chacun de vos enfants.

Les petits plaisirs de la vie	Option 1	Option 2	Option 3
Qu'est-ce que vous aimez faire pour vous détendre ?... Et comment vous pourriez l'adapter pour le faire avec votre enfant ?			
Qu'est-ce que vous n'avez pas fait depuis longtemps et qui vous ferait envie à nouveau ?			
Qu'est-ce qui vous aide à lâcher prise ? (Avez-vous déjà fait une pizza en pâte à modeler ?)			
Quel est le jeu, l'occupation de votre enfant qui vous tente le plus ?			
Quel est le jeu que vous préfériez étant enfant ?			

Besoin de sentir son pouvoir

Quoi ?… Du pouvoir ?! Qu'est-ce que ce mot-là ?… Je croyais qu'on cherchait des solutions pour éviter les rapports de force et les prises de pouvoir ?!

Oui, vous avez tout à fait raison, c'est exactement ce que l'on cherche. Et pour éviter les prises de pouvoir, il faut justement que votre enfant le sente, son pouvoir, le sente en lui : il n'aura alors plus besoin d'essayer de le prendre (le vôtre).

Il s'agit du pouvoir de construire le monde qui lui convient, du pouvoir d'être libre, du pouvoir de décider de ce qui est bon ou non pour lui. Il s'agit de lui faire sentir qu'il est maître de sa destinée. Sentir son pouvoir lui permet aussi de se sentir important, important aux yeux des autres et à ses propres yeux, et c'est bon pour l'estime de soi !

« Le désir d'être important n'existe pas chez les animaux. Et c'est même une des principales différences qui existent entre eux et les hommes[1]. »

Dale Carnegie

Si vos enfants sentent leur pouvoir et si vous sentez le vôtre, il n'y a plus aucun rapport de force possible.

1. *Comment se faire des amis*, Le Livre de poche, 1990 : best-seller mondial sur les relations humaines dans les domaines professionnel et personnel.

Car pour qu'un rapport de force se mette en place, il faut être deux à vouloir prendre le pouvoir. Et si chacun est conscient de son propre pouvoir, il n'y a plus aucun intérêt à voler celui qu'on attribue à l'autre. Et vous remarquerez, notamment lors d'une dispute entre enfants, que celui qui prétend avoir le plus de pouvoir (par des cris, des remarques désagréables ou même de la violence) est celui qui se sent le plus faible (à l'intérieur).

1. Comment le reconnaître

Par toutes les manifestations du sentiment d'impuissance. L'enfant n'a au départ aucune liberté, aucun choix, aucun pouvoir sur rien, il est complètement dépendant de nous et complètement impuissant face à ses besoins et à ses désirs. Au fur et à mesure de son évolution, il peut faire de plus en plus de choses lui-même et être en mesure de décider certaines choses. (S'il a la chance d'avoir un parent attentif à son besoin d'autonomie.) Imaginez deux secondes qu'on décide pour vous chaque matin comment vous devez vous habiller ; comment vous devez vous coiffer ; ce que vous devez manger et quand et combien ; ce que vous devez faire et dans quel ordre et quand vous devez vous arrêter ; quand vous devez aller aux toilettes ; si vous avez froid ou chaud… à peu près zéro sur l'échelle de la liberté individuelle : de quoi vraiment devenir dingue et piquer des crises, non ?

2. Pour le combler

Proposez-lui des choix. En hypnose, on appelle cela un « choix illusoire », car ce sont des choix orientés :

— « Tu préfères mettre d'abord ton bonnet ou d'abord ton manteau ? » L'enfant choisit l'ordre dans lequel il s'habille, mais pas s'il s'habille ou non.

— « Tu préfères mettre ton pantalon bleu ou plutôt le vert ? » L'enfant peut choisir la couleur, mais ce choix est limité à deux vêtements, ce qui évitera qu'il choisisse une jupe d'été en plein hiver.

On se gardera bien de lui proposer :

— « Tu préfères aller à l'école ou rester à la maison ? »

— « Tu préfères manger tes brocolis ou des bonbons ? »

ou encore :

— « Tu préfères taper ton frère ou lui arracher les cheveux ? »

Ces « petits choix » peuvent porter sur sa façon de s'habiller, son emploi du temps, ses activités, son repas… et doivent devenir de plus en plus des « vrais choix » au fur et à mesure que l'enfant grandit, en s'accordant à ses capacités évolutives. L'astuce est de lui laisser toujours le choix du « comment », tant qu'on ne peut pas lui laisser le choix du « quoi ». Cette liberté lui permettra de se sentir exister en tant qu'individu et il n'aura plus besoin de s'opposer à vous.

— « Tu peux faire tes devoirs maintenant ou dans cinq minutes, qu'est-ce que tu choisis ? »

— « Tu préfères manger tes courgettes mélangées au riz ou séparées ? »

— « Tu préfères te coucher tout de suite ou maintenant ? » (Celui-là ne fonctionne pas très bien, bizarre, non ?...)

Demandez-lui de l'aide. Voici une bonne façon de se sentir important, c'est d'aider les grands. Et c'est fou tout ce qu'ils savent faire, nos chéris, même tout petits !... Apporter un verre d'eau, mettre la table, passer la serpillière, essorer la salade, étendre le linge, aller chercher un stylo, trier les chaussettes propres, arroser les plantes, essuyer... Il y a une grande différence entre exiger de l'aide et demander de l'aide : « Parce que tu le fais si bien », « Parce que j'aime te voir faire », « Parce que j'aime le faire avec toi... » Et non : « Avec tout ce que je fais pour toi, tu peux bien me rendre ce petit service, feignant ! »

Donnez-lui des responsabilités. Dans certaines écoles, dès la maternelle, les élèves sont responsables de l'appel, du calendrier, du coin bibliothèque... Ça permet à la fois de se rendre compte de ce qu'on sait faire et de le montrer aux autres. Ce n'est plus un ordre auquel il faut encore obéir, on ne sait pas trop pourquoi, mais une mission, une tâche à accomplir ! Quelle différence !... Être celui qui appelle les autres à table, qui range la télécommande, qui lit la température le matin sur le thermomètre, qui note sur le tableau ce qui manque pour les prochaines courses, qui donne à manger au chat… c'est tellement plus rigolo que d'être obligé de le faire, sinon on se fait gronder !

L'important est de bien cibler la tâche par rapport à l'âge de l'enfant : « Alors, à partir d'aujourd'hui, Matthieu [3 ans], tu es responsable des courses et de la préparation des repas et Claire [6 mois], tu passes l'aspirateur dans le salon, et moi… je vais prendre un bain, à tout à l'heure ! »

Responsabiliser, c'est aussi lui donner la possibilité de se fixer lui-même des limites.

Voici une méthode pour limiter la télé, inventée par Zig Ziglar, dans *Raising Positive Kids in a Negative World*[1].

Sur une feuille, l'enfant trace un certain nombre de cases, par exemple cinq. Ce sera le nombre d'épisodes qu'il pourra regarder dans la journée (ou dans la semaine ou… dans l'année !). Ensuite, **c'est l'enfant qui choisit quand il les regarde**. Il devient maître de son emploi du temps et peut décider de les regarder tous d'un coup ou de faire durer le plaisir. À la fin de chaque épisode, il coche une des cases. Comme la quantité est établie à l'avance, il n'y a pas de dispute, de rébellion (ou de menaces à vociférer) pour éteindre

1. « Élever des enfants positifs dans un monde négatif » (le livre n'a pas encore été traduit en français).

la télé. On peut établir le nombre de cases au début de la semaine et aussi le programme, histoire de quand même jeter un œil sur ce qu'ils regardent (et pour ceux qui n'ont pas envie de se compliquer la vie, il peut être identique chaque semaine). C'est une façon de laisser le choix du comment (quand) mais pas du quoi (nombre d'épisodes).

Faites-le participer à l'établissement des règles de la maison. Ce principe qui a été mis en place par Thomas Gordon (puis repris par Jane Nelsen[1], puis par Faber et Mazlish[2]) consiste à établir tous ensemble les règles familiales. En discuter d'abord pour que chacun soit d'accord, faire les modifications nécessaires et les noter ensuite sur un papier accroché à la vue de tous.

« Les parents qui donnent aux enfants la chance de participer à l'établissement des règles familiales se retrouvent souvent avec des règles plus nombreuses et respectées par tous. »

Thomas Gordon

Ce conseil de famille peut se renouveler à chaque changement important, problème survenu ou événement majeur, ou même à chaque dîner, car rien de

1. *La Discipline positive.*
2. *Parler pour que les enfants écoutent, écouter pour que les enfants parlent*, Éditions du Phare, 2012.

mieux pour mettre tout de suite une bonne ambiance à table !

Dans le même genre d'idée, la résolution de problème consiste à demander de l'aide à celui qui « cause » le problème. D'abord, on identifie le problème, ensuite on fait une sorte de brainstorming où chacun lance des idées, des solutions possibles, même les plus farfelues sont notées, tout est possible. (Il est étonnant de constater combien le fait de noter peut impressionner un enfant. Une solution écrite aura plus de poids que n'importe quel long discours.) Troisièmement, on évalue ensemble les solutions par élimination jusqu'à en choisir une. Puis on décide de la tester pendant un certain temps (une semaine ou deux, par exemple) et de la réajuster si nécessaire à la fin de la période d'essai. C'est ce que Thomas Gordon appelle la « résolution de conflit gagnant-gagnant ». Les enfants proposent des idées souvent plus ingénieuses que les nôtres.

Voici un exemple de mise en pratique :

Identification du problème : tous les matins, madame M. passe une demi-heure à ramasser les habits de ses enfants éparpillés un peu partout dans la maison.

Brainstorming : « On laisse tous les habits par terre ! », « Chacun ramasse ses affaires », « À tour de rôle, on ramasse les affaires de tout le monde », « Tous les habits ramassés sont confisqués ».

Solution choisie : tous les soirs, avant de se coucher, les enfants font le tour de la maison et celui qui a ramassé le plus d'affaires a gagné.

Reconnaître ses torts. Comment mieux apprendre à ses enfants qu'en leur montrant le bon exemple ?... Si on est tout le temps en train de dire que c'est la faute d'Untel, du mauvais temps, du gouvernement ou de la couche d'ozone... on ne leur apprend pas à prendre leurs responsabilités. Leur dire « J'ai eu tort », « Je me suis trompé », « J'ai fait une erreur » leur apprend que l'erreur est humaine (ce qui est vrai, n'est-ce pas ?) et que, même quand on est grand, on n'est pas infaillible. Alors, eux aussi ont la possibilité de ne pas être parfaits, de progresser, et de ne plus avoir peur d'avouer leur bêtise. Au lieu de nous décrédibiliser, cet aveu nous rendra bien plus forts à leurs yeux.

« Quand un adulte s'excuse avec sincérité, les enfants répondent le plus souvent : "C'est pas grave !" Ils peuvent passer en un instant de la colère au pardon absolu à condition que l'adulte puisse dire : "Je suis désolé." »

Jane Nelsen

Exercice n° 5
La liberté de choisir

Quels choix et quelles responsabilités pouvez-vous donner à vos enfants en fonction de leur âge et de leur personnalité ? Quelles sont les situations problématiques à propos desquelles vous pouvez utiliser la méthode de « résolution de problème » ?

Donnez-leur du pouvoir

Prénoms	…………	…………	…………
Leurs responsabilités			
Choix que je leur donne chaque jour			
Choix que je peux leur donner chaque semaine			
Quel problème je peux résoudre avec la méthode du conseil de famille ?			

Besoin de construire son identité

« Discipliner consiste à commander, à corriger, à diriger, à surveiller, à gérer, à réglementer, à imposer, à restreindre, à arrêter, à contraindre, à inhiber, à châtier, à réprimander, à blâmer, à critiquer et à punir alors qu'éduquer consiste à entraîner, à former, à enseigner, à informer, à éclairer, à guider, à familiariser. »

Thomas Gordon

Quand l'enfant naît, on est obligés de tout faire pour lui. On sait tout de lui (puisqu'on est présents quasiment à chaque moment de sa vie) puis les jours et les mois passent… À quel moment exactement on se rend compte qu'il en sait plus que nous ?… À quel moment on peut (on doit) le laisser faire seul ce qu'on faisait pour lui ?… Ce qui est difficile avec le métier de parent, c'est que dès qu'on a trouvé un fonctionnement qui marche (enfin !), on a peu de temps pour se réjouir, car il se périme très vite. Tout évolue en permanence, nos enfants grandissent chaque jour et chaque jour leurs capacités augmentent. C'est comme si on devait faire des mises à jour permanentes. Et quand on a plusieurs enfants, on a tendance à « faire vieillir » les plus grands trop vite. Un aîné sera en général encouragé à l'autonomie bien plus tôt qu'un petit dernier. Ils paraissent tellement plus vieux que les plus petits qu'on leur demande souvent des choses (trop) difficiles trop tôt et on n'en demande pas assez aux plus jeunes. C'est l'observation qui nous dira si on a bien évalué les choses pour chacun.

Ce besoin d'exister à part entière, sans l'aide de papa et maman, permet de trouver sa place au sein de la famille, puis de la société. C'est aussi là que viennent se loger l'estime de soi et la confiance en soi (dont tant d'adultes ont l'impression de manquer).

1. Comment le reconnaître

Votre enfant n'est pas sûr de lui, il ne se sent pas capable de faire « tout seul », vous demande tout le temps de l'aide, est en recherche de récompense ou d'approbation, se décourage vite, ne montre pas d'enthousiasme envers les choses nouvelles.

2. Pour le combler

- **Ne faites pas à sa place ce qu'il est capable de faire tout seul.** Cela développera rapidement sa confiance en lui. Une petite phrase comme « Je suis sûr que tu vas y arriver » est très efficace pour encourager l'enfant à faire ce qu'il se croit incapable de faire. Même si c'est plus rapide de boutonner vous-même son manteau, laissez-le faire. Il sera trop content de voir qu'il y arrive ! Ce serait vraiment dommage de le priver de ce cadeau seulement pour éviter d'avoir quelques minutes de retard, non ?

- **Favorisez son autonomie** en lui demandant d'effectuer seul des tâches (ou confiez-lui des missions à accomplir !) : reconstituer les paires de chaussettes dans le linge sec, écosser les petits pois, payer le pain à la boulangerie…

Encouragez-le, valorisez-le. Même s'il a « raté » plus de choses qu'il n'en a réussi, appréciez ce qui a été accompli et ignorez ce qui n'a pas été fait. Selon une étude américaine[1], il est beaucoup plus efficace de développer ses forces que d'améliorer ses faiblesses. C'est en se rappelant ce qu'on a réussi à faire qu'on acquiert de l'assurance. L'idée qu'il faut connaître ses points faibles pour progresser est la principale cause de la maladie du XXe siècle : le manque de confiance en soi. On se rabâche à longueur de journée tout ce qu'on ne sait pas faire, qu'on n'a jamais réussi à faire, et on s'étonne ensuite de se sentir mal !

Complimentez-le de façon descriptive. Au lieu de dire « Comme c'est beau ! » (et de penser le contraire), prenez le temps de décrire ce que vous voyez : « J'aime beaucoup les couleurs que tu as choisies pour faire cette fleur, et ce petit chat gris a vraiment de superbes moustaches. »

1. Tom Rath, *Strengths finder*, Gallup Press, 2007

Résumé du principe n° 3 : les besoins de l'enfant

1. Besoins physiologiques : faim, soif, température… Donnez-lui le contrôle dès que possible.

2. Besoin d'être en relation : passez du temps avec lui.

3. Besoin de pouvoir : donnez des choix, demandez-lui de l'aide, rendez-le responsable.

4. Besoin de construire son identité : valorisez, encouragez, favorisez son autonomie, laissez-le faire tout seul.

Plus vous lui permettrez de s'occuper de ses besoins, plus vous vous sentirez libre de vous occuper des vôtres. Pour que la relation fonctionne correctement, il est préférable que les besoins soient comblés de part et d'autre, ça paraît logique, non ?

Exercice n° 6
Vos besoins

Notez tout ce que vous pourriez faire (dès maintenant) pour combler vos propres besoins (parce que si vous ne vous en occupez pas, qui va s'en occuper, hein ?). On les examinera encore plus précisément dans la troisième partie de ce livre.

Besoins physiologiques

Est-ce que je m'accorde assez de temps pour me reposer, me détendre, faire de l'exercice, bien me nourrir ? Comment pourrais-je mieux prendre soin de mon corps ?

....

....

....

....

Besoin de relation

Ai-je envie de développer ou d'améliorer des relations avec certaines personnes ? Avec qui en particulier ? Comment pourrais-je faire ? Qu'est-ce que je pourrais mettre en place facilement ?

....

....

....

....

Besoin de pouvoir

Quels sont les choix qui sont à ma disposition ? Quelle décision puis-je prendre pour mon bien-être et celui de ma famille ?

....

....

....

....

Besoin de construire son identité

Qu'est-ce qui m'aide à me valoriser ? Qu'est-ce que je peux réaliser par moi-même ?
Relire la liste de mes qualités de l'exercice n° 1 et en ajouter 10 nouvelles (et me les répéter au réveil chaque matin).

....

....

....

....

Troisième partie

S'occuper de soi pour savoir gérer ses émotions

Voici les trois étapes qui vont vous permettre de reprendre le contrôle de vos émotions et d'améliorer votre vie de famille :

- avoir une vision claire du futur
- prendre soin de soi au présent
- être conscient que mon passé influence mon présent

Avoir une vision claire de votre objectif

OK, ça ne vous plaît pas de crier... Vous avez parfois l'impression d'être complètement à bout, de péter un câble, de ne pas faire ou dire ce qu'il faudrait pour vos enfants... OK ! Maintenant, il s'agit de savoir ce que vous voudriez à la place. Quel genre de parent voulez-vous être ?… Avez-vous déjà réfléchi précisément à cette question ?… Non ? Alors, c'est parti ! Car, comme disait Sénèque : « Il n'y a pas de vent favorable pour celui qui ne sait où il veut aller. » (Quand je vous disais que c'était un livre philosophique.)

Quoi ?

Que voulez-vous exactement (en tant que parent)? Par exemple : « Je veux être une mère parfaite, c'est-à-dire toujours de bonne humeur, le sourire aux lèvres et le maquillage impeccable, un bon petit plat (bio) sous le coude tout en étant une *executive woman* performante. À la fois mère aimante, épouse sexy et femme active épanouie avec des super-pouvoirs magiques qui consolent les pleurs, calment les colères et étendent le linge. » (Bon, essayez d'être réaliste, quand même.)

Essayez d'être le plus précis possible. Plus votre objectif sera clair, plus ce sera facile de l'atteindre. Et formulez-le de façon positive. Comme vous le savez maintenant, votre cerveau ne comprend pas le négatif, alors si vous écrivez « Je veux être moins agressive avec mes enfants », votre cerveau comprendra « Je veux être agressive avec mes enfants » et il fera tout pour vous satisfaire !… Pour bien comprendre l'importance de la formulation positive, imaginez que vous allez au supermarché avec une idée en tête « Je ne veux pas acheter de chips ». Une fois sur place, vous ne savez pas quoi choisir, vous avez juste dans la tête l'image d'un immense paquet de chips qui vous empêche de penser à autre chose. Alors que si on fait la liste de tout ce qu'on veut acheter, c'est tellement plus simple ! (Parce que l'idée générale de ce livre, c'est quand même de se faciliter la vie !)

Je veux être :

....

....

....

....

Je veux faire :

....

....

....

....

Je veux avoir :

....

....

....

....

OK ! Très bien. Vérifiez bien que vous avez parlé de vous et non pas des autres, par exemple : « Je veux être calme en toutes circonstances » et non pas « Je veux que mes enfants m'obéissent au doigt et à l'œil ».

À partir de quand voulez-vous être comme ça ?

Quand ?

Il faut une date précise, pas de « quand j'y arriverai » ou « on verra bien »… Non, il faut une DATE avec un jour et un mois.

À la date du .... (et de cette année, s'il vous plaît, ne trichez pas dès le départ, sinon c'est pas du jeu). Le fait d'établir une date va renforcer dans votre cerveau tous les processus qui doivent se mettre en œuvre pour réaliser votre objectif. Tout à coup sa réalisation devient concrète, votre transformation s'inscrit dans la réalité et cesse d'être un fantasme inatteignable. Elle devient possible !

Responsabilité ?

Est-ce que vous êtes OK pour dire que cet objectif ne dépend que de vous ?

☐ Oui ☐ Non

Vous avez bien coché « Oui » ? Parce que vous pouvez changer TOUT ce qui vous concerne et c'est l'objet de ce livre, mais changer les autres, ça n'est pas possible… Ils ne changeront que parce que vous aurez changé. Je sais, c'est dommage, mais c'est comme ça, alors autant se faire à l'idée tout de suite, non ?

Imaginez…

Projetez-vous dans le futur une fois votre objectif atteint… Vous êtes exactement comme vous l'avez décrit dans la première réponse, ça y est !… Bravo ! Alors, que percevez-vous ? Que voyez-vous ? Qu'entendez-vous ?… Que vous dites-vous ?… Et surtout comment vous sentez-vous ? (Une fois encore, plus votre description sera précise et plus vous mettrez de chances de votre côté de réussir rapidement.)

....

....

....

....

Comment saurez-vous que votre objectif est atteint ? Qui le verra ? Et comment ?

....

....

....

....

....

Par exemple : « Mes enfants me couvrent de câlins tous les matins au réveil en chantant des chansons… le panier à linge ne croule plus jamais sous les vêtements sales (grâce à mes super-pouvoirs), je me sens sereine, détendue, apaisée… j'ai tellement de temps pour moi que je pourrais partir faire de l'humanitaire à l'autre bout de monde. » Bon OK, mais on avait dit « réaliste », vous vous rappelez ?

Vérification

Et sans réfléchir, en répondant le plus vite possible : s'il devait y avoir un inconvénient à devenir ce parent-là… quel serait-il ?

....

....

....

....

....

....

Par exemple : « Ma sœur pourrait être jalouse de moi » ou « Je ne pourrais plus me plaindre de mes enfants à mes amis » ou « J'ai peur de ne plus être sincère » ou « J'ai peur de ressembler à ma mère ». Grâce à cette étape vous découvrez ce qui vous bloque inconsciemment et, comme vous en prenez conscience, cela vous permet déjà de commencer à vous libérer de ce blocage. (Et vous pourrez vous en défaire totalement dans la section sur les croyances.)

Super !… Vous avez déterminé précisément votre objectif, votre désir, votre but à atteindre. C'est donc cela que vous voulez. Très bien. C'est maintenant que tout commence !… Tin tin tindin… ! (Roulement de tambour.)

Pour le garder en tête et mettre toutes les chances de votre côté, écrivez la phrase qui le résume et affichez-la sur votre réfrigérateur ou en fond d'écran de votre ordinateur (oui, carrément !). Vous pouvez aussi créer un patchwork de photos et de dessins qui illustrent cet idéal réalisable (si vous avez plutôt une tendance visuelle), ce qui aidera votre cerveau à garder le cap.

JE VEUX

....

....

....

....

....

Comme le dit Lao-tseu : « Un voyage de mille lieues commence toujours par un premier pas. » Alors quel est le premier pas que vous pouvez accomplir en direction de cet objectif ?

....

....

....

....

....

Qui a dit qu'on devait être parfaite ? ou le mythe de *wonder woman*

Beaucoup de femmes d'aujourd'hui veulent réussir à tout concilier : vie de famille, vie professionnelle, vie amoureuse. Bien sûr c'est possible ! Mais pourquoi rajouter encore de la difficulté en refusant de demander de l'aide ? Qui a dit qu'on devait tout faire toute seule ?…

Et pour vous détendre un peu après cet exercice introspectif, voici un petit test rigolo (écrit au féminin, mais rien ne vous empêche de le mettre au masculin si besoin !).

Êtes-vous une maman solo qui s'ignore ?

Vous vivez en couple, mais vous avez parfois l'impression de tout gérer toute seule. Ce n'est peut-être pas qu'une impression ?

Comptez 1 point à chaque phrase que vous auriez pu prononcer vous-même. Si vous avez plus de 5 points, allez vite voir ce que ça veut dire en dessous du test.

1. C'est moi qui emmène mes enfants tous les jours à l'école ou presque (parce que le papa travaille [trop] et/ou est fatigué).

2. En cas de problème de garde, c'est moi et moi seule qui dois trouver une solution de rechange (même s'il s'agissait d'un moment où c'était le papa qui devait les garder).

3. C'est moi qui fais les courses (toujours). Eh non, ce n'est pas parce que j'ai plus de temps. C'est seulement parce que je sais de quoi j'ai besoin pour cuisiner. Eh oui, c'est moi aussi qui fais la cuisine. « Le mari qui aime cuisiner, ça n'arrive qu'aux autres. »

4. C'est moi qui pense à acheter les cadeaux d'anniversaire des enfants, des copains de mes enfants et à faire un cadeau à la maîtresse, à la prof de danse, au prof de judo (et parfois je me demande qui va penser à me faire un cadeau, à moi).

5. Je surveille l'alimentation de mes enfants pour qu'ils mangent de façon équilibrée. Je m'inquiète, je me renseigne et je fais les courses en conséquence (et quand ils ne finissent pas leur assiette, j'ai tendance à manger les restes, je sais que c'est pas bon pour ma ligne, mais je le fais quand même).

6. Je connais par cœur l'emploi du temps de mes enfants. Je prévois et j'organise leurs vacances (longtemps à l'avance si je suis du genre *working mum*, au dernier moment si je suis du genre débordée-mais-qui-assure-quand même).

7. J'ai été nommée responsable en chef du ménage-repassage-lessivage. Je ne me rappelle plus quand, ni comment, ni même pourquoi. D'ailleurs je n'ai plus le temps de me poser la question. C'est peut-être d'ailleurs pour ça que je ne trouve pas la réponse. (Le mari qui aime faire le ménage, ça n'arrive à personne.)

8. C'est moi qui achète les habits de mes enfants, qui sais quand ils sont trop serrés dedans, quand ils ont changé de pointure, quand ils ont besoin d'un nouveau manteau. (Et j'en profite parfois [toujours] pour acheter des habits pour moi aussi. Oui, je sais, je ne grandis plus, mais j'en ai besoin ! Oui, même de ce pull à paillettes que je n'ai mis qu'une fois. Mais puisque je vous dis que si !)

9. J'ai l'impression que je suis la seule à comprendre mes enfants, à savoir ce dont ils ont réellement besoin. Ils ont fait partie de mon corps pendant neuf mois, c'est suffisant comme explication, non ?

10. J'aime être débordée, avoir mille choses à faire en même temps et m'en sortir avec élégance et brio. Je suis une wondermaman et j'en suis fière (et de toute façon, un wonderpapa, ça rendrait pas pareil).

Résultats :

Plus de 10 points : vous avez mal compté, il n'y avait que 10 phrases. Et sinon, vous êtes vraiment une maman solo ?…

De 5 à 9 points : vous pourriez être une maman solo, puisque vous vous organisez déjà comme si vous étiez seule. Mais est-ce un but à atteindre ? À quoi sert de tout vouloir gérer seule quand on est deux ? Est-ce que ça fait de vous une meilleure maman ? Et s'il suffisait de compter plus sur les papas pour qu'ils prennent leur rôle plus à cœur ? Quand un papa devient un papa solo, il découvre souvent avec surprise et émerveillement comment s'occuper de ses enfants. Donnez-lui cette chance, dès maintenant. Et vous allez enfin découvrir ce que les mots « détente » et « farniente » veulent dire.

De 3 à 5 points : vous êtes plus maligne que la plupart des femmes d'aujourd'hui. Vous avez compris que si la nature a prévu deux personnes pour fabriquer un enfant, c'est un indice majeur pour comprendre qu'il vaut mieux être deux aussi pour s'en occuper. Bravo ! Essayez de réduire encore votre score dans les jours qui viennent. Vous allez voir, ça fait du bien.

De 0 à 3 points : je vous tire mon chapeau. Bravo ! Vous représentez la femme du futur. En même temps, on est au XXIe siècle, il était peut-être temps d'instaurer un peu plus d'égalité au sein du couple, non ? Mais bon sang, qu'est-ce qu'on a fichu jusqu'à maintenant ?!

Apprendre à respecter ses besoins, prendre soin de soi

Comme pour les enfants, la question pour vous est : quel est le besoin non satisfait qui se cache derrière cette émotion ?

Il s'agit de s'occuper de soi au moins aussi bien qu'on s'occupe de son enfant.

Il est possible, si vous vous sentez dépassé, surchargé, épuisé, de demander de l'aide à de nombreuses personnes. Même quand on n'a pas forcément de famille à côté ou d'amis disponibles, il y a des solutions. Il suffit parfois de le vouloir, de s'autoriser à le faire pour les trouver. Même si votre enfant est encore un bébé, il existe de nombreuses solutions : halte-garderie, jardin d'enfants, Maison des parents, voisines, collègues…

Et si on s'autorisait à ne pas être parfait ?

Et si on s'autorisait à ne pas ranger la maison, à ne pas faire la cuisine, à ne pas faire le ménage au moins une fois de temps en temps ?… Qu'est-ce qu'on risquerait de perdre ?… (Et là, je parle de vraies autorisations, c'est-à-dire sans l'ombre d'une trace de culpabilité.) Plus on a l'impression d'être privés de liberté à cause de nos enfants, plus on a tendance à leur interdire de choses.

Est-ce vraiment important que tout soit toujours impeccable ?

Et si on se permettait de montrer à nos enfants qu'on est des humains et qu'on peut se tromper, qu'on peut être fatigués, qu'on peut ne pas tout savoir sur tout, tout le temps… Et si ça leur donnait la liberté d'être eux-mêmes, de ne pas avoir peur de l'échec, de savoir qu'on a, quelquefois, besoin de reculer pour mieux sauter ?… Et si cet aveu sincère leur permettait de se sentir plus forts ?

Et si c'était un des messages les plus importants à leur transmettre ?

Besoins physiologiques

Prenez-vous assez soin de votre corps ? On veille sur le sommeil de nos enfants, et si on en faisait autant pour nous ? « Mon fils s'est couché tard hier soir, il faut qu'il se repose aujourd'hui. » Et vous, est-ce que vous vous accordez assez de repos ? À quand remonte votre dernière sieste ? Votre dernière « grasse mat' » ?

Le sommeil est une denrée qui se fait rare dès la naissance de notre premier enfant (parfois même avant) et ça dure un certain temps, il faut bien le reconnaître. Et comme on n'a pas toujours le temps de se reposer, je vous ai préparé un podcast qui vous permettra de récupérer d'une nuit trop courte en dix minutes seulement. En effet, en hypnose, on utilise un phénomène naturel qui s'appelle la « distorsion du temps ». C'est la faculté que l'on a tous à percevoir le temps selon nos propres critères. Une heure passée à discuter avec une copine vous paraîtra beaucoup plus courte que dix minutes passées à écouter votre nouveau-né hurler, non ?… Le temps a cette faculté de se raccourcir ou se rallonger selon notre humeur. En hypnose, on utilise cela pour permettre au corps de s'imaginer qu'il vient de dormir deux heures en dix minutes.

Il faut savoir que notre cerveau ne fait pas la différence entre ce qu'il s'imagine et ce qui est vrai. Par exemple, au cinéma, si vous vous identifiez au héros qui est en danger, votre cœur va s'accélérer, comme si vous deviez vous-même vous mettre à courir. Vous sentirez les mêmes signes physiques que s'il s'agissait de la réalité.

Avec cette séance d'hypnose, votre cerveau va produire tous les phénomènes physiologiques qui se mettent en place lors d'une bonne sieste réparatrice.

Dès que vous êtes dans un endroit calme où vous ne serez pas dérangé et que vous avez dix minutes devant vous, accordez-vous cette pause et ressourcez-vous complètement !

Récupération. mp3

https://soundcloud.com/user-77415906/bande-son-recuperation

Vous pouvez utiliser cet enregistrement aussi souvent que vous le voulez. Mais bien sûr, il faut quand même dormir pour de vrai de temps en temps ! Une fois bien reposé, vous serez plus facilement patient, à l'écoute et prêt à résoudre les problèmes de manière plus adaptée. C'est parfois seulement un manque de sommeil qui nous sape le moral. Une bonne sieste ou dix minutes d'hypnose et on repart !

Et pensez aussi à bien vous alimenter... On est parfois tellement préoccupés par la préparation de repas équilibrés pour nos enfants qu'on ne pense pas à notre propre alimentation ! Notre corps nous accompagne toute notre vie, alors autant en prendre soin le mieux possible !

Besoin d'être en relation (besoin d'appartenance)

Votre besoin de relation est-il comblé ?... Prenez-vous du temps pour voir ceux que vous aimez ? Ou pour rencontrer de nouvelles personnes ? « J'aimerais bien, me direz-vous, mais je ne peux pas, j'ai tout le temps mes enfants collés dans les pattes ! »

Si c'est le cas, vous avez deux possibilités :

• Vous pouvez emmener vos enfants partout avec vous, mais quand on en a plus que deux, ce n'est pas toujours évident. Ça dépend bien sûr aussi de leur âge. Des jeunes parents croient souvent que c'est compliqué de se déplacer avec un tout-petit, alors qu'en réalité c'est tout à fait possible. (Attention de ne pas s'enfermer soi-même dans une prison imaginaire.)

• Ou alors vous pouvez bien sûr les faire garder.

Et comme c'est souvent un problème d'argent, voici les 5 méthodes pour faire garder ses enfants sans dépenser un centime. Quand on a un ou plusieurs enfants, il y a des tonnes de circonstances où l'on a besoin que quelqu'un d'autre s'en occupe. (Ne serait-ce que le matin quand le réveil sonne.) Et là se pose la question cruciale : mais qui ? À qui, bon sang, puis-je confier la chair de ma chair, en toute sécurité et sérénité (et sans me ruiner, s'il vous plaît, parce que c'est pas tout ça, mais faut que j'aille faire les soldes, moi)?

Le papa

Bien sûr, c'est la ressource n° 1. Sauf que… ce n'est (regrettablement) pas toujours celle qui vient à l'esprit en premier ni qui est, du coup, la plus utilisée. Papas présents, manifestez-vous ! Revendiquez votre droit ! Parlez de votre plaisir à passer du temps avec vos enfants ! On finira bien par y croire (si vous insistez).

La famille

Les grands-parents sont aujourd'hui devenus des « seniors actifs et dynamiques » particulièrement appréciés pour leur disponibilité. Dans l'école de ma fille, il y a autant de nounous que de grands-mères à la sortie des classes. Sauf que, parfois, il n'y a simplement pas (plus) de famille, elle est trop éloignée, trop fâchée et, dans certains cas, on confierait nos enfants à n'importe qui d'autre avec plus d'entrain parce que justement on sait à quoi s'en tenir… (Mais non, maman, qu'est-ce que tu vas imaginer, je ne parle pas de toi, enfin !… Mais non, belle-maman, pas de vous non plus !… Oohh ! On ne peut plus écrire tranquille ou quoi ?)

Les amis

Bien sûr, les amis, ça rend service. Sauf que… essayez donc de demander à vos ami(e)s de vous garder vos enfants régulièrement et vous allez tomber de plus en plus souvent sur leur répondeur, avant de tomber sur le répondeur de quelqu'un d'autre (parce qu'ils auront changé de numéro). S'ils n'ont pas d'enfant, ce n'est peut-être pas par hasard et, en tout cas, peut-être (certainement pas) pour garder ceux des autres.

Les voisins

Alors, il paraît qu'il y a des endroits où l'on trouve des voisins sympas à qui on peut laisser le petit dernier sans souci. J'aurais tendance à dire que cet étrange phénomène se rencontre plus facilement en province qu'à Paris, mais je ne l'ai jamais observé de mes propres yeux. Si vous avez la chance d'en approcher de près ou de loin, n'hésitez pas à faire appel à ces individus rares au comportement surnaturel mais tellement sympathique.

Les copains de nos enfants

Bon, vous avez tenu le coup, jusqu'au point n° 5, je vais donc vous livrer l'astuce *number one*, la vraie de vraie, celle qui fonctionne chaque fois. Je la tiens moi-même d'une autre maman, qui la tenait elle-même de…

Dès 3 ans, cultivez les amitiés de vos enfants et, dès que vous le pouvez, invitez chez vous leurs copains et copines de classe. Après l'école, à déjeuner, ou si vous êtes une *working mum* surbookée, le samedi ou dimanche après-midi ou pourquoi pas en soirée pyjama pour dormir le soir. Au début, les parents vous regarderont d'un drôle d'air, mais ne vous laissez pas impressionner, franchissez les barrières de votre timidité et du « mais qu'est-ce qu'elle va penser de moi ? Elle ne me connaît pas » et foncez !

Repérez le parent en question (ce qui n'est pas toujours facile), armez-vous de votre plus beau sourire, attrapez-le au vol avant qu'il se sauve à la sortie de l'école et dégainez une phrase du genre : «[Prénom de votre enfant] aimerait beaucoup inviter votre fils samedi après-midi à jouer à la maison. » Appliquez cette recette pour trois ou quatre enfants et vous allez naturellement entrer dans la danse des invitations chez toi, chez moi, chez toi…

Ce qu'il y a de chouette avec cette méthode, c'est qu'en plus on se fait soi-même de nouveaux amis : les parents des amis de nos enfants étant souvent des gens super-sympas (ben, oui, ils vous gardent votre enfant gratuitement, sans même que vous leur demandiez, trop cool !). Et puis, pour l'enfant, c'est top, il n'a pas l'impression de se faire garder, puisqu'il est avec son copain (et un sentiment de culpabilité en moins pour vous, un !). Et après quelque temps, c'est tout naturellement qu'on se rend mutuellement des services, et là, c'est carrément génial !

Pour celles qui sont libres à déjeuner, n'hésitez pas à établir une alternance régulière : un mardi sur deux chez moi et l'autre mardi chez la copine (et on peut faire la même chose pour les sorties d'école, etc.).

Quoi qu'il en soit et d'autant plus si vous êtes une maman à la maison, placez dans votre emploi du temps chaque semaine une case où quoi qu'il arrive vous ferez garder votre enfant. Deux heures rien que pour soi dans la semaine, c'est indispensable pour souffler un peu, s'aérer, se faire plaisir et revenir chargée à bloc pour passer une nouvelle semaine avec bébé ! Et quand bébé a grandi, c'est une bonne habitude à garder aussi !

Besoin de sentir son pouvoir en construisant sa boussole intérieure

Sentir son pouvoir, c'est avoir la vie que l'on a choisie. L'idée est d'arrêter de subir et de prendre les rênes de notre cheval intérieur. Parce que oui, nous avons le pouvoir de changer ce qui ne nous plaît pas. Et c'est en ignorant ce pouvoir qu'on se sent impuissant face aux événements, face au monde ou face à son petit dernier.

Encore faut-il savoir ce qu'on veut vraiment. Parce que si on tente de faire des changements à l'aveuglette, on risque de ne pas tomber juste. Pour construire votre propre boussole intérieure et vous orienter dans la vie avec précision et détermination, il est important de savoir ce qui est fondamental pour vous, c'est-à-dire de savoir quelles sont vos valeurs.

Certaines choses nous paraissent essentielles alors qu'elles ne le sont pas pour d'autres. Peut-être faites-vous partie de ces parents pour qui l'important est d'avoir une maison bien rangée en permanence, alors que pour d'autres c'est de développer la créativité artistique de leurs enfants quitte à avoir des crayons, feutres et papiers éparpillés partout dans la maison, des taches de peinture sur le canapé du salon et de la pâte à modeler incrustée sur la table à manger ? Nous n'avons pas tous les mêmes valeurs ou plutôt la même façon de classer leur priorité, ni la même façon de les concrétiser au quotidien. Par exemple, pour moi, respecter quelqu'un, c'est « ne pas le déranger », alors que pour mon mari respecter quelqu'un c'est « communiquer avec lui ». Alors, le dimanche matin je le respecte en sortant du lit sans le réveiller, alors que lui me réveille systématiquement pour me faire part du « respect » qu'il a pour moi !... Nous avons la valeur « Respect » en commun, mais elle ne se concrétise pas de la même façon. (Mais non chéri, je ne me sers pas de ce livre pour te faire passer un message, mais si tu pouvais me laisser dormir...) Pour pouvoir prendre conscience du pouvoir que vous avez sur votre vie, il est important de connaître vos valeurs et la façon dont elles se concrétisent pour vous dans la vie de tous les jours. Et pour cela, il suffit de répondre à la question : « Qu'est-ce qui est important pour moi ? » ou « En quoi est-ce important pour moi ? »

Quand quelque chose ne va pas, que vous ressentez une émotion désagréable, c'est qu'il y a un conflit entre la réalité et une de vos valeurs. Par exemple, si vos enfants se disputent sans arrêt et que cela vous met mal à l'aise, vous énerve et vous met en colère, vous pouvez vous poser la question :

« En quoi est-ce important pour moi ?
— C'est important parce que je voudrais qu'ils s'entendent bien.
— En quoi est-ce important pour moi qu'ils s'entendent bien ?
— Parce que j'aime l'harmonie. »

Et vous savez maintenant qu'une de vos valeurs familiales est l'harmonie. D'autres auraient répondu : le calme ou la tranquillité, ou encore l'amour.

Et c'est comme ça que vous découvrez que ce ne sont pas vos enfants qui vous mettent en colère mais le conflit entre votre valeur « Harmonie » et ce que vous percevez de la réalité. Et vous pouvez agir sur votre réaction qui est déclenchée à ce moment-là. Car vous êtes maître de vos réactions et de vos émotions à partir du moment où elles deviennent conscientes et où vous savez par quel mécanisme elles se déclenchent. C'est, en tout cas, le premier pas vers la possibilité de réagir différemment. Et c'est en changeant votre façon de réagir que vos enfants changeront ensuite d'attitude.

En établissant la liste de vos valeurs dans l'exercice suivant, vous pourrez identifier celles qui sont respectées et celles qui ne le sont pas dans votre vie aujourd'hui. Cela vous aidera à trouver la direction à prendre, celle qui vous convient véritablement pour être en accord avec vous-même.

Exercice n° 7
Les valeurs

Notez les cinq valeurs les plus importantes pour vous dans chaque catégorie (cet exercice peut prendre un certain temps, car bien que toutes nos actions soient dictées par nos valeurs, on n'a pas forcément – voire jamais – pris le temps de bien les identifier). Pour vous aider à les trouver, posez-vous la question « Qu'est-ce qui est le plus important pour moi dans ce domaine ? » ou « Qu'est-ce que je recherche à tout prix ? » : la liberté, le respect, l'harmonie, la justice, l'argent... et classez les réponses par ordre d'importance. (Soyez sincère, personne d'autre ne lira ce que vous écrivez, c'est entre vous et vous !)

Mes valeurs

	Valeurs (vie familiale)	Valeurs (vie sentimentale)	Valeurs (vie professionnelle)
1.	....	....	....
2.	....	....	....
3.	....	....	....
4.	....	....	....
5.	....	....	....

Très bien. Vous avez peut-être constaté que certaines valeurs se retrouvent dans les trois colonnes. Maintenant, pour connaître votre « vrai » classement, celui qui dirige vraiment vos actions et vos pensées (et qui n'est pas forcément conscient), prenez le temps de faire l'exercice suivant.

Exercice n° 8
Classement inconscient

Placez dans une de vos mains (paume vers le haut) la première valeur, par exemple la gentillesse, et dans l'autre main placez par exemple la liberté, soupesez-les, comme si c'était deux salades ou deux poids à peu près équivalents. Dites-vous que celle qui est la plus importante pour vous sera la plus lourde... Fermez les yeux... Pensez à autre chose, écoutez les bruits qui vous entourent, soyez attentif à la température de la pièce ou à toute autre sensation physique, laissez votre esprit s'échapper où il a envie d'aller, vos pensées vont et viennent tranquillement... Et au bout d'un petit moment, ouvrez les yeux pour voir quelle main est la plus basse. Si elles sont au même niveau, identifiez celle qui vous semble la plus lourde... et vous serez peut-être surpris de ce que vous dira votre corps. Pesez comme cela toutes vos valeurs jusqu'à obtenir le classement des trois plus importantes dans chaque catégorie.

Très bien ! Maintenant que vous savez quelles sont vos valeurs et leur ordre de priorité (inconscient), vous allez pouvoir mettre en place des actions qui vont aller dans ce sens. Vous verrez, ça fait un bien fou !

L'idée est que ces actions soient réalisables tout de suite. Imaginez que c'est le plus petit pas que vous puissiez faire dans cette direction. Par exemple, si la valeur n° 1 de votre vie familiale est l'harmonie, vous pouvez décider de mettre en place dès dimanche prochain le « conseil de famille » pour résoudre les conflits lors d'un brainstorming au déjeuner. À vous de jouer ! Construisez la vie qui vous plaît ! (Parce que personne ne le fera à votre place.)

Valeur « Vie familiale » n° 1

....

....

Ce que je décide de mettre en place

....

....

Valeur « Vie amoureuse » n° 1

....

....

Ce que je décide de mettre en place

....

....

Valeur « Vie professionnelle » n° 1

....

....

Ce que je décide de mettre en place

....

....

Satisfaire ses valeurs est un travail de tous les jours. Parfois le chemin est plus court que ce que l'on imagine et de tout petits changements peuvent faire de grandes différences. Comme toujours, le pouvoir que l'on possède nous concerne et ne s'étend pas sur les autres. Nous avons la possibilité de nous changer nous-mêmes, de changer nos perceptions (« J'ai des enfants insupportables »), de changer ce que l'on se raconte (« Je n'y arriverai jamais »), mais nous ne pouvons pas changer les autres. Les qualités exceptionnelles de ces « enfants insupportables » peuvent tout à coup vous sauter aux yeux parce que vous aurez changé votre façon de les regarder, et le « je n'y arriverai pas » peut se muer, par exemple, en « j'en ai vu d'autres dans ma vie, je suis capable d'améliorer les choses ! » parce que vous avez découvert que la valeur « Réussite » apparaît en n° 1 dans votre liste. Et c'est seulement une fois le changement effectué chez vous que vous pourrez constater avec plaisir les bonnes répercussions que cela aura sur votre entourage.

Besoin de développer son identité

Être parent, ça prend du temps. Et en plus quand on travaille, il n'en reste plus beaucoup pour s'occuper de ses rêves… Nourrir son identité, c'est être fidèle à soi-même. Vous êtes un parent mais aussi un fils ou une fille, vous êtes peut-être aussi un frère ou une sœur, une épouse ou un mari, mais qui êtes-vous d'autre ?… Être fidèle à soi-même, c'est être fidèle à tous les « soi-même » que l'on est, sans en laisser un seul sur le carreau, faute de temps ou faute de confiance en soi. Quelle est la partie de vous que vous avez laissé tomber ?

Avez-vous une passion ? Qu'est-ce qui vous fait vibrer dans la vie ?... Rappelez-vous des passions de votre enfance ou de votre adolescence ou connectez-vous aux choses que vous prenez plaisir à faire. Inspirez-vous de vos sujets de lecture, de vos conversations... Aimez-vous jouer de la musique, faire de la broderie, collectionner des vers de terre (si, si, il y en a qui aiment ça, je vous assure), dessiner, jardiner, faire des photos, étudier les étoiles, fabriquer des bijoux ?...

Encouragez-vous, félicitez-vous comme vous le faites avec votre enfant. Prenez plaisir à remarquer vos progrès, cela comblera votre besoin de développer votre identité.

Exercice n° 9
Mes passions

Écrivez la liste de vos 10 passions sur une feuille, ne vous arrêtez pas avant d'en avoir trouvé dix ! Si, c'est possible ! Retrouvez vos rêves d'enfant ou d'adolescent : rêviez-vous de jouer de la guitare ? De faire le tour du monde ? De chanter dans un groupe de rock ?...

1.	6.
2.	7.
3.	8.
4.	9.
5.	10.

Combien de temps y consacrez-vous déjà par semaine ?

....

....

Établissez un programme hebdomadaire pour consacrer au moins une heure et demie par semaine à l'une d'entre elles. Si, c'est possible ! Plus vous agirez pour combler vos besoins, plus le reste de votre vie s'en trouvera facilité. Ça demande un peu d'enthousiasme et d'organisation, mais c'est un pari à prendre qui est gagnant à tous les coups ! En étant satisfait de votre vie, vous aurez plus de patience, vous serez plus détendu, vous mettrez naturellement plus de bonne humeur dans la maison.

Mon passé influence mon présent

L'enfant, notre miroir

Si vous vous regardez dans une glace et que vous voyez une tache de chocolat autour de votre bouche, ça ne vous viendrait pas à l'idée d'essayer de nettoyer le miroir. Et pourtant c'est ce qu'on fait la plupart du temps en voulant corriger les défauts de nos enfants. Il s'agit en fait de nos propres défauts qu'on ne veut pas voir. Nos enfants (et nos conjoints aussi) sont comme des miroirs. Les défauts que l'on ne supporte pas sont des défauts qui sont en nous, mais que nous contrôlons.

Si par exemple vous ne supportez pas quand votre enfant s'énerve parce qu'il n'arrive pas à faire quelque chose, demandez-vous ce que vous faites quand vous n'arrivez pas à faire quelque chose. Il y a deux possibilités, soit vous vous énervez aussi (et votre enfant vous copie), soit vous vous contrôlez, mais vous bouillez à l'intérieur (et votre enfant exprime votre émotion refoulée). Car en plus d'être des miroirs, ce sont aussi des éponges (ils sont multifonctions, ces bougres !).

Accepter son émotion

Pour cesser définitivement d'être énervé par notre enfant, il n'y a pas 36 solutions (pour une fois), il s'agit d'accepter « notre défaut » ou plutôt notre émotion. Soit en la laissant s'exprimer (quand c'est possible), soit en se disant simplement : « OK, j'ai envie de faire ça… [de hurler, de me rouler par terre…] », « Je suis super-énervé » ou « J'ai envie de pleurer », « Je me sens complètement dépassé », « OK… je ressens ça, c'est OK… », « C'est une envie ou une émotion que j'ai le droit de ressentir ».

Et, instantanément, l'énervement va disparaître. Magique, non ? Et vous serez aussi étonné de voir que plus vous acceptez votre émotion, votre état, votre désir, moins votre enfant adoptera ce comportement qui vous agaçait. Comme si le fait de vous autoriser à le ressentir permettait à l'autre de s'autoriser aussi à être plus en accord avec lui-même. Alors de là à parler de vases communicants, il n'y a qu'un pas, que je franchis avec joie. Et vous ?

Mise en pratique

Monsieur P., informaticien, a travaillé d'arrache-pied sur un nouveau programme. Il a dû réécrire quasiment toutes les lignes de code d'un autre développeur, monsieur G. À la mise en route du logiciel, c'est son collègue qui reçoit une augmentation. Pour monsieur P., la valeur « Justice » arrive en n° 1 dans toutes les colonnes de ses listes, alors face à cette injustice l'émotion est vive. En rentrant chez lui, il ne dit rien, mais se sent dévasté. Quelque temps après, son fils, Jérémy, 7 ans, rentre de l'école en pleurs. Il se plaint d'avoir été puni par la maîtresse alors qu'il n'avait rien fait. Il geint et pleure sans pouvoir s'arrêter. Son père s'énerve :

« Arrête de te plaindre ! Tu as forcément dû faire une bêtise !... Ça suffit maintenant !

— C'est pas vrai !... J'ai rien fait ! C'est pas juste !

— Calme-toi, maintenant ! Arrête de faire des histoires pour rien !

— Tu ne comprends rien. T'es méchant !

— Ne me parle pas comme ça ! File dans ta chambre !... Tu reviendras quand tu seras calmé ! »

Voir son fils dans cet état le met hors de lui. Quand il comprend qu'il ressent en fait la même chose, il s'autorise à exprimer lui aussi son émotion. Il prend conscience de toutes les injustices qu'il a subies sans s'autoriser à se plaindre, se connecte avec son émotion, ce qui le calme immédiatement. Une fois apaisé, il peut consoler son fils de manière plus appropriée.

Réparer son passé

Le comportement de notre enfant peut réveiller de vieilles émotions enfouies qu'on n'a pas forcément envie de déterrer. Des émotions de notre propre enfance : soit les nôtres, soit celles de nos parents, à qui on n'a pas envie de ressembler. Et là, ce n'est pas toujours évident de réussir à démêler tout ça tout seul.

C'est pourquoi je vous ai préparé un podcast qui va vous permettre de « réparer » en quelque sorte cet événement de votre enfance qui a laissé des traces aujourd'hui ou cette suite d'événements que vous sentez encore présents dans votre vie quotidienne. Vos souvenirs n'ont pas besoin d'être précis, votre inconscient saura quoi aller chercher pour le réparer sans que votre conscient le sache. On ne change pas le passé, on change le filtre qui nous empêche de voir la réalité telle quelle. Ce filtre correspond à une stratégie de défense ou de protection qui a été utile à un moment donné, mais qui ne l'est plus. Car ce qui nous gêne aujourd'hui, ce n'est pas ce qui s'est passé, mais la trace qu'on en garde. En faisant cette sorte de mise à jour intérieure, vous vous offrez du choix dans vos réactions. Plutôt que de réagir « malgré vous » d'une seule et même façon, vous aurez le choix, des possibilités variées, et plus on a le choix, plus on est libre !

Car, comme le disait Milton Erickson :
« Il n'est jamais trop tard pour avoir une enfance heureuse. »

Ce qu'il y a de rassurant avec l'hypnose ericksonienne, c'est que le changement opéré est forcément positif. Votre inconscient vous protège et ne mettra au point une nouvelle stratégie que si elle est meilleure que celle qui est déjà en place. Le passé parfois nous entrave, nous retient, et le laisser derrière nous nous permet d'avancer plus loin ou plus simplement vers la destination qui nous intéresse. En vous libérant du passé, vous reprenez véritablement les rênes de votre cheval intérieur de façon à le guider dans la bonne direction, libre de toute contrainte inconsciente.

Richard Bandler raconte à ce sujet une anecdote incroyable. Il recevait dans son cabinet d'hypnose un rescapé des camps de concentration qui souffrait d'insomnie depuis quarante ans.

« Vous comprenez, disait le vieil homme, je revois les images des camps et je ne peux pas dormir.

— Vous êtes pire que les nazis, lui répondit Bandler, eux vous ont torturé pendant quatre ans, mais vous ça fait quarante ans que vous vous torturez en créant ces images dans votre tête !

— Mais je ne peux pas m'en empêcher ! répondit l'insomniaque.

— C'est aussi ce que disaient les nazis ! » répondit Bandler.

Certains pourraient penser qu'il n'a pas respecté sa souffrance, ce qui est en effet le principe de la thérapie provocatrice. En tout cas depuis ce jour, l'homme a retrouvé le sommeil. C'est en se connectant à son pouvoir, notamment en se rendant compte qu'on est maître des images qui se forment dans la tête, que l'on peut se libérer de son passé, quel qu'il soit.

Guérir l'enfant blessé. mp3

https://soundcloud.com/user-77415906/enfant-blesse

Me donner de nouvelles possibilités (mes croyances)

Maintenant que vous êtes libéré des traces de votre passé, vous allez pouvoir encore plus facilement vous diriger vers la vie que vous souhaitez. Savez-vous qu'on navigue dans la vie selon certaines pensées qui sont parfois conscientes, parfois inconscientes et qui guident nos pas, souvent à notre insu. Pensez-vous, par exemple, que si vous êtes (trop) heureux, les autres seront jaloux de vous et que vous risqueriez de perdre leur amour ? Les personnes qui ont cette croyance-là vont s'arranger pour qu'il y ait toujours quelque chose qui ne tourne pas rond dans leur vie. On appelle ces pensées des « croyances », ce qui veut dire qu'on peut les changer, les aménager, les transformer. Certains sont persuadés qu'il faut d'abord beaucoup souffrir ou beaucoup galérer avant d'avoir le droit d'être heureux. Ce type de pensée est ancré en nous depuis de longues années, si bien qu'on ne pense pas pouvoir les remettre en question. Et si vous étiez autorisé à être heureux tout de suite, comment ce serait ?

Pour qu'une croyance se crée, il suffit en général d'une seule expérience, riche en émotions.

Par exemple : « J'ai 3 ans. Je m'amuse beaucoup avec mes nouveaux cubes, je les colorie avec mes crayons de couleur. Mon père entre dans ma chambre et me gronde très fort en me disant que j'ai tout abîmé. J'en conclus que je n'ai pas le droit de me faire plaisir (jamais). Une fois adulte, je pense que je n'ai pas le droit d'exprimer ma créativité, que ce soit au travail ou en famille. Je suis tout le temps sérieuse, car ma croyance inconsciente est : "Si je m'amuse, plus personne ne va m'aimer." Je ne sais même pas que j'ai mis au point cette pensée, mais elle est avec moi en permanence pour me protéger de ce danger. Seulement aujourd'hui, au lieu de préserver l'amour de mes proches, cette pensée m'en éloigne, car comme je m'interdis de prendre plaisir aux choses, je l'interdis aussi à mes proches, qui m'en veulent, etc. »

Ce sont souvent des phrases qui sont construites autour d'une condition : « Si… alors… », « Si je suis trop gentil, alors je vais me faire avoir », « Si je ne travaille pas assez, alors je ne vais pas réussir », ou des phrases construites avec des expressions comme « Je ne mérite pas… parce que… » ou « Je n'ai pas le droit… parce que… », « Je n'ai pas le droit d'être heureuse en couple parce que mes parents ne l'ont pas été », « Je ne dois pas gagner trop d'argent, parce que sinon, je ne serais plus un artiste ».

L'exercice suivant va vous permettre de mettre en évidence certaines de vos croyances de façon à pouvoir vous en libérer. On parle de « croyances limitantes » quand les pensées nous éloignent de notre bonheur et de « croyances ressourçantes » quand elles nous aident à aller mieux.

Exercice n° 10
Mes croyances limitantes

Quelles sont les croyances limitantes que vous avez créées ? Pour le découvrir, complétez sans réfléchir ces phrases avec ce qui vous vient naturellement à l'esprit.

— Si j'obtiens ce que je veux, alors le risque serait que ....

— Si je réussis dans..,
j'ai peur que..

— Obtenir tout ce que je veux dans..........................
risquerait de..

— Je ne mérite pas d'être...
parce que..

— Je ne suis pas capable de...
parce que..

— Je n'ai pas le droit de..
parce que sinon..

Maintenant, mettez-vous en tête que ce que vous venez d'écrire est faux, archi-faux ! Ce sont seulement des croyances et vous pouvez les changer !

Exercice n° 11
Changer mes croyances

Même une croyance installée depuis longtemps peut se changer en quelques minutes. Il suffit d'être prêt, c'est-à-dire de savoir que cette pensée n'est pas vous, que vous n'êtes pas cette pensée et que vous pouvez donc vivre sans ou plutôt avec une autre pensée qui vous fera plus de bien et vous conduira vers le chemin sur lequel vous voulez aller. Ensuite le changement s'opère en suivant les quatre étapes décrites ci-dessous[1].
Tout d'abord écrivez la croyance que vous voulez modifier. (Vous pouvez choisir la phrase que vous avez trouvée à la fin de l'exercice de l'objectif ou une des phrases de l'exercice précédent.)

....

Étape 1 : comment vous sentez-vous en prononçant cette phrase ?

....

Étape 2 : posez-vous la question « Est-ce que c'est vrai ? Est-ce que je suis sûr que c'est vrai ? »

....

Étape 3 : comment vous sentiriez-vous sans cette phrase ?

....

1. Inspiré de la méthode de Katy Byron.

Étape 4 : retournez la phrase dans le sens inverse jusqu'à trouver la bonne formulation, celle qui vous semble cohérente.

....

Exemple : « Je n'ai pas le droit de réussir parce que mes parents m'ont toujours dit que j'étais un raté. »

Étape 1 : est-ce que je suis sûr que je n'ai pas le droit de réussir ?

« Non, je n'en suis pas sûr. »

Étape 2 : comment vous sentez-vous en prononçant cette phrase ?

« Je me sens nul, je n'ai pas d'avenir. Je suis découragé. Je suis fatigué, j'ai envie d'aller m'allonger sous ma couette en attendant la fin du monde. »

Étape 3 : comment vous sentiriez-vous sans cette phrase ?

« Beaucoup mieux ! J'aurais plus d'énergie. Je recommencerais à sourire. »

Étape 4 : retournez la phrase dans le sens inverse jusqu'à trouver la bonne formulation, celle qui vous semble cohérente. Comment vous sentez-vous en prononçant cette nouvelle formulation ?

« J'ai le droit de réussir. Je ne suis pas un raté. Je suis un gagnant. J'ai le devoir de réussir parce que mes parents m'ont traité de raté. C'est bizarre. Je me sens bizarre. »

Si c'est le cas pour vous, c'est tout à fait normal. Vous avez pensé d'une certaine façon pendant longtemps et vous apprenez à votre cerveau à penser l'inverse en quelques minutes, c'est normal qu'il se sente désorienté. Après cette petite confusion, vous vous habituerez à utiliser la nouvelle formule qui vous guidera vers votre objectif !

L'EFT pour gérer ses émotions au quotidien

Et pour finir, voici une technique qui vous permettra de gérer facilement vos émotions au quotidien. Dès que vous sentirez une émotion désagréable pointer le bout de son nez : de la tristesse, de la colère, de la peur ou le moindre agacement, vous pourrez l'utiliser pour réduire l'intensité de votre émotion dérangeante. C'est une technique pratiquée en thérapie brève qui est très efficace, car elle combine plusieurs éléments : l'acupuncture et la PNL. Elle a l'immense avantage de pouvoir se pratiquer presque partout et surtout SEUL. EFT signifie : *emotional freedom technique*, c'est-à-dire « technique de libération des émotions[1]». Il s'agit de

1. Technique mise au point par Gary Craig, en 1991.

tapoter doucement des points situés sur les méridiens d'énergie utilisés en médecine chinoise en prononçant une phrase qui décrit le plus précisément possible notre émotion. Le tapotement qui engendre de la détente permet de prendre du recul sur notre émotion et d'en réduire efficacement son intensité en quelques minutes. Il est possible de pratiquer à n'importe quel moment de la journée, autant de fois que nécessaire, il n'y a aucune contre-indication.

• Pour commencer, mesurez sur une échelle de 1 à 10 (10 étant le maximum) l'intensité de votre émotion.

• Ensuite, déterminez votre phrase de départ, construite sur le modèle suivant : « Même si je ressens [cette émotion qui me dérange : colère, peur, tristesse, angoisse…], que je me vois en train de [faire un truc moche : hurler sur mes enfants, transpirer à grosses gouttes, rater mon entrevue…], que j'ai cette sensation physique [horrible : où j'ai l'impression de ne plus pouvoir respirer, d'étouffer, de m'évanouir…] et que je me dis [des trucs pas sympas sur moi : que je suis nul, que je ne vaux rien…], je m'aime et je m'accepte comme je suis. »

Par exemple : « *Même si* je suis très en colère, *que j'ai envie de* passer mon enfant par la fenêtre, *que j'ai* le cœur qui bat à 200 à l'heure *et que je me dis* que je suis une mauvaise mère, *je m'aime et je m'accepte comme je suis.* »

Ou « *Même si* j'ai envie de pleurer, de rester sous ma couette pendant huit jours *et que je sens* une boule dans la gorge qui m'empêche de respirer *et que je me dis* que je suis la plus nulle des nulles, *je m'aime et je m'accepte comme je suis.* »

Ou, si c'est plus simple pour vous au début, vous pouvez commencer par : « Même si je suis en colère, je m'aime et je m'accepte comme je suis. »

La construction de cette phrase est importante, il faut être précis, ne pas hésiter à dire les choses avec sincérité (même si c'est pas joli, joli… de toute façon, vous serez le seul à l'entendre) et avoir les quatre éléments suivants :

Émotion : je ressens…

Image : je me vois en train de…

Sensation : j'ai cette sensation physique…

Dialogue interne : je me dis que…

Les tapotements peuvent se faire d'une main ou des deux mains, sur un côté ou sur les deux, selon ce qui est le plus confortable pour vous.

• Vous dites cette phrase deux fois en tapotant le côté de votre main (voir « Point karaté » sur le dessin ci-contre).

• Ensuite, vous effectuez une « ronde », en tapotant avec deux doigts les points principaux sur votre tête et votre torse en répétant le début de la phrase seulement. Sur la tête : « Même si j'ai envie de pleurer ». Sur les sourcils : « Même si j'ai envie de rester sous ma couette ». Autour des yeux : « Même si je sens une boule dans la gorge »… L'idée est de dire les phrases qui vous viennent à l'esprit, même si ce n'est pas tout à fait les mêmes que celles qui étaient prévues au départ. L'important est de sentir que ce que vous dites correspond vraiment à ce que vous ressentez.

• À la fin de cette ronde, vous prenez une bonne inspiration et vous mesurez de nouveau l'intensité de votre émotion. En général, ça baisse de 3 ou 4 points à la première ronde. La deuxième permet de faire diminuer encore plus cette émotion ou de la faire complètement disparaître.

**Le « point karaté »
est sur le côté tranchant de la main**

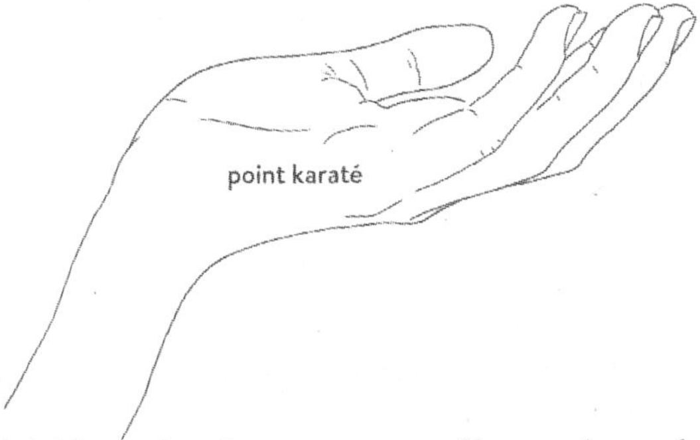

Voici les points à tapoter pour effectuer la ronde :

1 début du sourcil
2 coin de l'œil
3 sous l'œil
4 entre le nez et la bouche
5 creux du menton
6 deux doigts sous l'extrémité de la clavicule
7 sous le bras, horizontalement aligné avec le mamelon

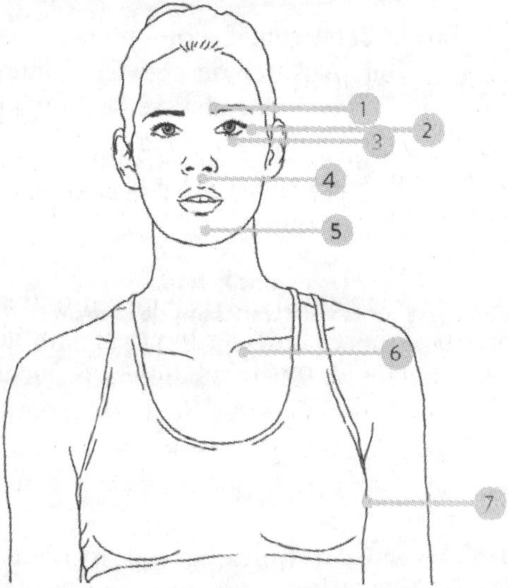

Vous trouverez en libre accès sur Internet des vidéos qui vous permettront de bien identifier ces différents points.

Après avoir pratiqué quelque temps, vous pourrez même le faire en silence, en pensant simplement aux phrases dans votre tête. Ensuite vous pourrez aussi le faire sans vous tapoter les points, mais en pensant simplement à ces tapotements. (Incroyable, non ?) Et c'est comme cela que vous pourrez pratiquer des rondes d'EFT au bureau, dans le bus ou en attendant votre enfant à la sortie de l'école, histoire de l'accueillir dans de bonnes conditions !

Avant de se quitter

Bravo ! Vous avez tout lu ! (À moins que vous n'ayez commencé par la fin ?... C'est pas du jeu, ça ! File dans ta chambre !)

Vous avez maintenant une panoplie d'outils supplémentaires pour faire coïncider la vie de famille de vos rêves avec la réalité. Ce livre contient beaucoup d'informations et il pourrait être utile d'y revenir plusieurs fois pour pouvoir les mettre en application à votre rythme et de la manière la plus adaptée pour vous.

Si vous avez pris conscience que certains de vos comportements n'étaient pas forcément les plus adaptés au bien-être de vos enfants et donc au vôtre, pas de culpabilité ! C'est en fait plutôt une bonne nouvelle, parce que cela veut dire que vous allez pouvoir faire autrement à partir de maintenant. Comme vous le savez, chacun fait le meilleur choix à l'instant T en fonction de ses connaissances et de ses possibilités, alors soyez rassuré : vous avez fait de votre mieux ! Chaque jour, nos enfants nous offrent de nouvelles possibilités de nous améliorer (ils sont assez généreux à ce niveau-là !), alors saisissons ces opportunités !

Et c'est de cette manière qu'on peut finalement se poser la question « Qui est celui qui éduque l'autre ? », vous ne trouvez pas ?

Annexe

« Qui aime bien châtie bien » ? … Ah bon, vraiment ?!

Quelques citations pour ceux qui hésiteraient à abandonner la punition, les menaces et le chantage (et ce n'est pas pour vous faire culpabiliser, hein ?).

La punition rend agressif, violent et peureux

« Lorsqu'on punit un enfant, on le prive toujours de la satisfaction d'un de ses besoins. Or, lorsque les enfants ne satisfont pas leurs besoins (et les adultes aussi d'ailleurs), ils se sentent frustrés et l'agressivité constitue une réaction courante à la frustration. »

Thomas Gordon

« Si les parents se font obéir par la violence, voici ce qu'ils enseignent à leurs enfants : "Emploie la force physique et la violence pour obtenir ce que tu veux des autres. Emploie la violence envers ceux que tu aimes." 100 % des enfants souvent punis physiquement par leurs parents ont attaqué gravement leur frère ou leur sœur selon une étude américaine. »

Thomas Gordon

« Qu'elles soient administrées par la police, par les enseignants ou les parents, les punitions produisent toujours les mêmes effets : fuite, contre-attaque, apathie. »

Burrhus Frederic Skinner

La punition bloque l'apprentissage et le développement du cerveau

« Dès qu'on stresse l'enfant par des paroles humiliantes ou qu'on le punit corporellement, il sécrète des molécules de stress qui détruisent ses neurones dans des structures cérébrales particulièrement importantes pour lui. »

Catherine Gueguen, pédiatre à l'Institut franco-britannique de Levallois-Perret

« La violence éducative ordinaire bloque la production de la molécule cérébrale qu'est l'ocytocine, ou molécule de l'amour, qui apaise, détend et rend empathique. Elle empêche aussi d'apprendre à réfléchir et à mémoriser. Elle freine le développement de l'hippocampe, qui occupe une place centrale dans le fonctionnement de la mémoire. »

Joan Luby, professeur de psychiatrie
dans le Missouri

« Nous avons trop souvent ignoré les effets nuisibles, les graves limites et le caractère destructeur du pouvoir. Nous nous sommes leurrés sur son efficacité. Il étouffe les différences d'opinions créatives, éteint la confiance, l'intimité et l'amour. Le pouvoir piège le contrôleur et enchaîne ses victimes. »

Thomas Gordon

« Quand on songe à la longue et triste histoire de l'humanité, on trouve plus de crimes hideux perpétrés au nom de l'obéissance que de crimes commis au nom de la révolte. »

Charles Percy Snow

Et une dernière, qui fait un peu froid dans le dos quand même :

« Les détenus violents ont tous reçu un grand nombre de raclées et d'autres formes de châtiments corporels de la part de leurs parents. »

Brian G. Gilmartin

Merci d'avance de me faire parvenir vos retours d'expérience, vos remarques ou avis, de façon à améliorer la prochaine édition, sur contact@pourallermieux.com !

Pour en savoir plus sur l'hypnose,
vous pouvez aussi consulter mon site
www.pourallermieux.com

pca
cmb
édition pré-presse
livres numériques

44400 Rezé

Imprimé en France par CPI
en octobre 2019
N° d'impression : 3035355

POCKET - 12, avenue d'Italie - 75627 Paris Cedex 13

S28947/01